Traduzir com autonomia

Obra recomendada para publicação pelo Departamento de Letras Anglo-Germânicas da Faculdade de Letras da Universidade Federal de Minas Gerais.

Fábio Alves
Célia Magalhães
Adriana Pagano

Traduzir com autonomia

ESTRATÉGIAS PARA O TRADUTOR EM FORMAÇÃO

Copyright © 2000 dos Autores
Todos os direitos desta edição reservados à
Editora Contexto (Editora Pinsky Ltda.)

Revisão
Sandra Regina de Souza
Texto & Arte Serviços Editoriais

Projeto de capa e montagem
Antonio Kehl

Diagramação
Diarte

Dados Internacionais de Catalogação na Publicação (CIP)
(Câmara Brasileira do Livro, SP, Brasil)

Pagano, Adriana
Traduzir com autonomia: estratégias para o tradutor em
formação / Adriana Pagano, Célia Magalhães, Fábio Alves. –
4. ed., 8ª reimpressão. – São Paulo: Contexto, 2024.

Bibliografia.
ISBN 978-85-7244-146-9

1. Tradução e interpretação I. Magalhães, Célia. II. Alves, Fábio.
III. Título.

00-2291 CDD-418.02

Índice para catálogo sistemático:
1. Tradução: Linguística 418.02

2024

EDITORA CONTEXTO
Diretor editorial: *Jaime Pinsky*

Rua Dr. José Elias, 520 – Alto da Lapa
05083-030 – São Paulo – SP
PABX: (11) 3832 5838
contato@editoracontexto.com.br
www.editoracontexto.com.br

Proibida a reprodução total ou parcial.
Os infratores serão processados na forma da lei.

Sumário

Apresentação 7

1. Crenças sobre a tradução e o tradutor:
   revisão e perspectivas para novos planos de ação
   Adriana Pagano 9

2. Unidades de tradução: o que são e como operá-las
   Fábio Alves 29

3. Estratégias de busca de subsídios externos:
   fontes textuais e recursos computacionais
   Adriana Pagano 39

4. Estratégias de busca de subsídios internos:
   memória e mecanismos inferenciais
   Fábio Alves 57

5. Estratégias de análise macrotextual: gênero, texto e contexto
   Célia Magalhães 71

6. Estratégias de análise microtextual: os níveis lexical e gramatical
   Célia Magalhães 87

7. Um modelo didático do processo tradutório:
   a integração de estratégias de tradução
   Fábio Alves 113

Bibliografia 129

Respostas dos exercícios 133

Apresentação

A proposta deste livro está condensada em seu título – **Traduzir com autonomia – estratégias para o tradutor em formação** – que define nosso foco de atenção e o direcionamento que tencionamos dar a ele. Propomos aqui uma abordagem da tradução centrada em estratégias ou ações que conduzem à resolução, de forma eficaz e adequada, de problemas tradutórios.

Tomamos emprestado das teorias de aprendizagem o conceito de estratégia que utilizamos neste livro. Enfocamos, sobretudo, a forma como as estratégias são usadas pela linguística aplicada ao ensino de línguas estrangeiras uma vez que os estudos da tradução encontram-se diretamente relacionados a ela, mesmo que seja apenas devido ao fato que ambos lidam com o uso efetivo de línguas estrangeiras em situações dinâmicas de troca comunicativa.

A ideia de levar o tradutor em formação a desenvolver estratégias de tradução está imbuída do espírito de conscientizá-lo da complexidade do processo tradutório e da necessidade de monitorar suas ações e examinar com cuidado as decisões tomadas ao longo do processo tradutório. A conscientização desse tradutor envolve um redimensionamento do conceito de aprender, o qual passa a demandar que o aprendiz se torne diretamente responsável pelo seu próprio processo de aprendizagem. Em outras palavras, espera-se que o aprendiz se torne autônomo para escolher o caminho mais adequado, para selecionar e gerenciar as ações que melhor respondam a seus interesses e necessidades e para buscar formas de apreensão e utilização de conhecimentos que sejam mais apropriadas ao seu estilo individual de aprendizagem.

O processo de conscientização sobre a natureza da tradução que aqui propomos aplica-se tanto ao reconhecimento da complexa rede de inter-relações subjacentes ao ato de traduzir, como também à própria concepção da tarefa tradutória. É por isso que começamos este livro abordando algumas das crenças mais comuns em relação à tradução e ao tradutor e discutimos sua real validade ou pertinência. Passamos, a seguir, pela segmentação do texto em unidades de tradução e pelas possibilidades de processá-las por meio de mecanismos de apoio externo e interno. Nosso objetivo subsequente foi implementar o processo tradutório por meio de estratégias macro e microtextuais para, finalmente, concluir nossa proposta com a apresentação de um modelo didático do processo tradutório que busca integrar as diversas estratégias de tradução ora apresentadas. Constata-se, assim, a relevância de se enfocar, além de como traduzir, o que é traduzir.

Além da linguística aplicada, nossa abordagem apoia-se em subsídios oriundos de outras áreas correlatas, tais como a psicolinguística, a análise do discurso, a psicologia cognitiva e a informática. Em matéria de tradução, qualquer abordagem que não contemple a interdisciplinaridade inerente ao seu estudo não faz nada além de reduzir essa tarefa a um conjunto de aspectos isolados e pouco produtivos. Por intermédio das atividades propostas neste livro queremos implementar nossa compreensão da tradução como uma rede complexa de fatores múltiplos e possibilitar efetivamente que tradutores em formação possam se beneficiar dela.

1
Crenças sobre a tradução e o tradutor
revisão e perspectivas para novos planos de ação

Adriana Pagano

Objetivos

Neste capítulo, vamos abordar os seguintes aspectos:
- As crenças mais comuns em relação à tradução e ao tradutor e sua aplicabilidade ou validade à luz das novas teorias dos estudos da tradução;
- A noção de *estratégias de tradução* e sua relevância na abordagem do processo tradutório e do tradutor;
- Os principais elementos envolvidos no processo tradutório e seu papel na criação de condições que propiciem um trabalho bem-sucedido.

Considerações teóricas

Um dos assuntos que vêm sendo muito pesquisados atualmente nas áreas de educação e cognição são os fatores que influenciam o processo de aprendizagem e aquisição de conhecimentos. Dentre esses fatores, ganha destaque o papel das crenças no processo de aprendizagem. Por crenças, entende-se todo pressuposto a partir do qual o aprendiz constrói uma visão do que seja aprender e adquirir conhecimento. Segundo pesquisadores, todo aprendiz possui uma série de crenças a respeito do que é aprender: como se aprende, qual o esforço a ser despendido nessa tarefa e com que velocidade são assimilados os conhecimentos (Butler & Winne, 1995). Esses pressupostos determinam os recursos e a forma que o aprendiz utilizará para resolver todo problema que surgir ao longo de seu aprendizado (Jacobson et al., 1996). Orientado pelas suas crenças, o aprendiz decide o que aprender, como, quando e em quanto tempo. Crenças que refletem adequadamente o processo de ensino/aprendizagem geralmente conduzem o aprendiz à escolha de recursos e formas apropriadas que, por sua vez, garantem o sucesso e o contínuo exercício de procedimentos acertados. Por outro lado, crenças errôneas ou pouco fundamentadas levam o aprendiz a optar por recursos e formas não apropriadas e culminam, geralmente, no insucesso e na insatisfação. Pesquisadores comprovaram como determinadas crenças – tais como a de que a aprendizagem deva ser um processo rápido sem demanda de maior esforço – levam o aprendiz a escolher formas muito superficiais de contato com o novo conhecimento, produzindo-se uma interação pouco significativa cujo resultado é a não apreensão de conhecimento.

A área de ensino/aprendizagem de línguas estrangeiras também é ilustrativa a esse respeito. Pressupostos em relação ao método de aprendizagem de uma língua, o papel do professor em sala de aula, a relevância da gramática no processo de aquisição da língua, ou o roteiro a ser seguido para aprender o idioma são exemplos de crenças que alunos possuem a respeito da aprendizagem de línguas estrangeiras. Essas crenças, as pesquisas mostram, influenciam diretamente o comportamento do aprendiz e o grau de sucesso dele na tarefa que persegue (vide McDonough, 1995). Muitos alunos de línguas estrangeiras acreditam, por exemplo, que aprender um idioma é aprender rapidamente e de uma vez só uma série de regras gramaticais e vocabulário que serão guardados na memória como conhecimento já adquirido sobre essa língua. Após conseguirem um certificado de conclusão de um determinado nível, esses aprendizes interrompem seus estudos da língua, acreditando que o conhecimento já foi adquirido e que não mais precisa ser posto em prática ou expandido. Após um certo período de tempo, vão se queixar do esquecimento de tudo que foi aprendido, devendo novamente frequentar um curso daquela língua estudada. Como essa crença é muito arraigada, vemos aprendizes que transitam por diversos cursos, métodos e professores, sempre repetindo o mesmo processo de estudo e consequente abandono. Felizmente, alguns alunos (cada vez mais) possuem outra percepção do que seja aprender uma língua e percorrem esse processo de prática e aumento do conhecimento contínuos que garante um sucesso maior.

Muitos aprendizes de línguas estrangeiras acreditam também que o sucesso no desempenho do idioma está relacionado com o fato de a pessoa ter morado no exterior, num país onde se fala a língua estrangeira, o que constitui uma crença errônea, já que numerosos falantes proficientes em línguas estrangeiras nunca tiveram a oportunidade de viajar para o exterior. Tendo em vista o número de materiais de apoio (fitas-cassete, fitas de vídeo, revistas, livros etc.) e os recursos computacionais atualmente disponíveis (CD-ROM, softwares de autoaprendizagem, a internet, a televisão a cabo), o aluno que faz uso adequado deles e utiliza estratégias apropriadas de aprendizagem pode adquirir um nível de proficiência comparável, senão superior, ao do aprendiz que reside um tempo no exterior. Como essa crença é muito difundida e pouco problematizada, são muitos aqueles que atribuem seu insucesso na aprendizagem de uma língua estrangeira ao fato de não terem morado num país estrangeiro e não tentam explorar caminhos alternativos para desenvolver sua competência comunicativa na língua. Temos, assim, um círculo vicioso, no qual a crença aparentemente explica o insucesso, ao mesmo tempo que o reforça e impede soluções para o problema vivenciado pelo aprendiz.

As crenças variam de pessoa a pessoa e estão relacionadas às experiências de cada indivíduo e ao contexto sociocultural com o qual interage. Por se tratar de ideias e pressupostos que o aprendiz formula a partir de sua experiência, as crenças são passíveis de mudança, seja pelo próprio acúmulo de vivências do aprendiz, seja pela intervenção deliberada por parte de algum agente (professor, empregador, colega, amigo, membro da família etc.) no seu processo de aprendizagem.

Como essas reflexões sobre crenças referem-se a processos de aprendizagem em geral, elas também se aplicam ao assunto específico que iremos tratar, isto é, à tradução e ao tradutor. Crenças sobre a tradução e o tradutor são, assim, todas aquelas percepções que se tem sobre o que seja traduzir, o que é uma boa tradução, o papel do tradutor etc. No caso do aprendiz de tradução, essas percepções filtram as formas de pensar e abordar a tradução e têm um efeito considerável no desempenho do tradutor-aprendiz e no trabalho a ser desenvolvido. Por se tratar de concepções sobre o processo tradutório que podem não se corroborar como adequadas ou positivas, as crenças podem conduzir a uma tradução não adequada ou insuficiente. Como esses pressupostos são parte de um conhecimento prévio, adquirido pelo aprendiz e armazenado como noções de referência, pouco revisadas ou questionadas, as crenças dão lugar a expectativas que, quando não plenamente satisfeitas, produzem ansiedade e sentimento de insucesso e frustração. No caso específico da tradução, as crenças comprovadamente desempenham um papel social mais amplo e, portanto, mais crítico, uma vez que além de influenciar a performance do tradutor, elas também determinam a forma como a sociedade em geral tende a avaliar a tradução como profissão e o tradutor como agente dessa atividade, com base nessas percepções mais divulgadas.

Para compreender a relação entre crenças e performance e crenças e julgamento da tradução, vamos fazer primeiro uma atividade sobre esse assunto.

Atividade 1

CRENÇAS SOBRE A TRADUÇÃO E O TRADUTOR
Leia cada uma das afirmações contidas na tabela 1.1 e decida se você (a) concorda com ela, (b) discorda dela ou (c) se você não tem opinião formada a respeito.

Tabela 1.1

Crença	C	D	NS
1. A tradução é uma arte reservada a uns poucos que podem exercê-la graças a um dom especial.			
2. A tradução é uma atividade prática que requer apenas um conhecimento da língua e um bom dicionário.			

Crença	C	D	NS
3. O tradutor deve ser falante bilíngue ou ter morado num país onde se fala a língua estrangeira com a qual trabalha.			
4. Só se pode traduzir da língua estrangeira para a língua materna, uma vez que só dominamos esta última.			
5. O tradutor é um traidor e toda tradução envolve certo grau de traição.			

C: concordo, **D**: discordo, **NS**: não sei.

Compare agora suas respostas com as apreciações que se seguem.

1. A tradução é uma arte reservada a uns poucos que podem exercê-la graças a um dom especial.

Esta crença aparece frequentemente quando se avalia uma tradução que de alguma maneira se destaca pela sua qualidade ou quando se quer condenar uma tradução malsucedida. Está implícita aqui a ideia de que se nasce tradutor ou que só se pode chegar a sê-lo quando se possui este dom. Longe de corroborar essas afirmações, as pesquisas mostram que tradutores competentes e reconhecidos possuem uma carreira que envolve experiência e qualificação. Uma quota de sensibilidade artística certamente contribui para a beleza de determinados textos, especialmente, os literários. Contudo, renomados poetas e tradutores têm reconhecido em diversas oportunidades a necessidade de se ter uma vivência e um grande conhecimento cultural e linguístico para levar a cabo uma tradução.

2. A tradução é uma atividade prática que requer apenas um conhecimento da língua e um bom dicionário.

Esta afirmação, uma das mais divulgadas sobre a tradução, tem contribuído para o estatuto da tradução como atividade menor, pouco reconhecida pelo mercado de trabalho e pelas diversas instituições que requerem serviços de tradução, tais como universidades, agências governamentais e embaixadas. As pesquisas confirmam o que uma longa história de casos e fatos narram sobre insucessos envolvendo a tradução: a prática da tradução requer estratégias de diversas naturezas, algumas das quais podem ser adquiridas por meio da experiência, sendo que outras podem ser desenvolvidas ou aperfeiçoadas pela formação profissional. Teóricos e pesquisadores referem-se ao que se chama de "competência tradutória", que pode ser definida como todos aqueles conhecimentos, habilidades e estratégias que o tradutor bem-sucedido possui e que conduzem a um exercício adequado da tarefa tradutória. O pesquisador Stuart Campbell (1998), por exemplo, aponta que a competência tradutória envolve habilidades chamadas "inferiores", como conhecimento do léxico, da morfologia e da sintaxe das línguas envolvidas, bem como o domínio de habilidades "superiores" que dizem respeito a níveis maiores de complexidade, como conhecimento de aspectos textuais, de coesão e coerência, reconhecimento de macroestruturas textuais e coligações lexicais e, evidentemente, domínio de registros e gêneros discursivos e sua inserção no contexto no qual o texto traduzido será incorporado. A formação requer o desenvolvimento de habilidades que transcendem o conhecimento meramente linguístico. Ainda, como veremos no capítulo 3, dentre essas habilidades ressaltam-se a busca de subsídios externos, isto é, de informações e conhecimentos necessários à recriação do texto, e a utilização de recursos tecnológicos que comprovadamente aprimoram a tradução. Temos, também, como veremos no capítulo 4, a capacidade de dedução, indução e assimilação de conhecimentos de difícil acesso, o papel dos mecanismos inferenciais, e a capacidade de contínua atualização de seus conhecimentos gerais e específicos como subsídios internos fundamentais ao exercício da tradução.

3. O tradutor deve ser falante bilíngue ou ter morado num país onde se fala a língua estrangeira do par linguístico com que trabalha.

As pesquisas sem dúvida corroboram esta afirmação, embora não em caráter de exclusividade. Alguns falantes bilíngues exercem a tradução com sucesso, bem como alguns tradutores que possuem vivência de alguma das culturas em que se fala a língua estrangeira. No entanto, os estudos também mostram que, nesses casos, o bilinguismo ou a vivência do tradutor estão acompanhados de uma formação que lhe permite o bom desempenho como tradutor. Não devemos esquecer que o falante bilíngue pode ter um domínio limitado das línguas que fala ou pode não contar com alguns dos outros aspectos que fazem parte da chamada "competência tradutória", mencionados no ponto anterior.

4. Só se pode traduzir da língua estrangeira para a língua materna, uma vez que só dominamos esta última.

Esta percepção, também bastante difundida entre os profissionais e aprendizes de tradução, merece uma análise por partes. Em primeiro lugar, temos de lembrar que o fato de sermos falantes nativos de uma língua não nos habilita automaticamente a traduzir para essa língua. Reiterando conceitos anteriores, não basta ao exercício da tradução o conhecimento linguístico. Além disso, é prudente lembrar que falantes nativos possuem diversos graus de conhecimento e proficiência de sua língua materna, muitas vezes relacionados com sua formação escolar e sua experiência de vida. De maior relevância, ainda, é preciso relembrar que a tradução requer uma formação e uma qualificação que fornecem ao tradutor as habilidades e conhecimentos suficientes para uma boa performance. Nesse sentido, o domínio de uma língua estrangeira, juntamente com um conhecimento cultural e técnico, e as habilidades apropriadas para o exercício da recriação de um texto, possibilitam a tradução para a língua estrangeira sem maiores problemas. Questões mais complexas, como a das coligações textuais e as tipicidades do falante nativo, estão hoje muito próximas de serem resolvidas graças ao desenvolvimento de bancos de dados de coligações e combinações mais frequentes numa língua e numa cultura. É interessante observar, ainda, o que poderíamos chamar de aspectos psicológicos da atividade tradutória, pouco explorados ainda, mas cada vez mais presentes em depoimentos de tradutores. Trata-se da questão da empatia com uma determinada língua ou cultura e das preferências baseadas em aspectos biográficos ou sociológicos da vida do tradutor. Dentre os inúmeros depoimentos, podemos mencionar o da tradutora canadense Suzanne de Lotbinière-Harwood (1991), que foi alfabetizada em francês e que tem afirmado só poder traduzir para o inglês, sua segunda língua, uma vez que o francês representa para ela a língua da socialização e portanto das imposições sociais e sexuais de sua infância e juventude.

5. Traduttori, traditori

Antiga e famosa, legitimada por todas as épocas e culturas, esta afirmação ainda domina as conversas e comentários sobre a tradução. Ela é responsável pelo descrédito que a profissão recebe em alguns círculos e, infelizmente, continua sendo confirmada por exemplos de trabalhos improvisados ou realizados por pessoas não qualificadas. Felizmente, no entanto, a ênfase que a tradução vem recebendo nas universidades e centros de estudos que desenvolvem pesquisas na área e o interesse que a formação e qualificação dos futuros tradutores vêm despertando em centros de ensino têm em muito contribuído para a contestação desse famoso adágio. Contudo, a problematização dessa crença tem recebido suporte maior a partir das teorias que redefinem a natureza e o objetivo da tradução desenvolvidas, sobretudo, com a consolidação da disciplina Estudos da Tradução a partir dos anos 1980. A ideia de "traição" pressupunha, dentre outras coisas, uma outra crença também ainda bastante disseminada, de que se traduz num vácuo temporal e cultural, no qual uma ideia formulada numa língua pode ser automaticamente transposta para outra língua como se se tratasse de uma operação matemática de equivalências entre palavras mediada por um dicionário. Esse pressuposto levava a acreditar que haveria uma transposição ideal e única que seria, então, a tradução perfeita. Como as avaliações das traduções frequentemente diferiam ou não preenchiam os requisitos específicos de um avaliador, o resultado era rotulado de traição, imperfeição, inexatidão. Teorias desenvolvidas já a partir dos anos 1950 e novas teorias fundamentadas em pesquisas acadêmicas recentes mostram a complexidade do processo tradutório, que envolve aspectos da produção e recepção de textos. Assim, por exemplo, podem ser realizadas diferentes traduções de um mesmo original de acordo com os objetivos pretendidos, o público-alvo, a função que se busca atribuir ao texto traduzido e outros fatores mercadológicos ou não que participam das decisões a serem tomadas na recriação de um texto numa nova língua e cultura.

Neste livro queremos desmitificar todas essas crenças citadas e demonstrar que é possível se traduzir, adequada e apropriadamente, de e para uma língua estrangeira, a partir de uma formação especializada do tradutor, de seu exercício consciente da profissão e de sua contínua qualificação.

Para termos uma apreciação mais aprofundada de alguns dos princípios teóricos sobre tradução que foram pontuados nos comentários sobre cada crença, vamos analisar alguns exemplos de tradução.

Atividade 2

Um cliente solicita que você traduza o texto a seguir para incluí-lo num volume de exemplos de traduções do inglês para o português. Leia o texto contido na figura 1.1 e traduza.

Figura 1.1

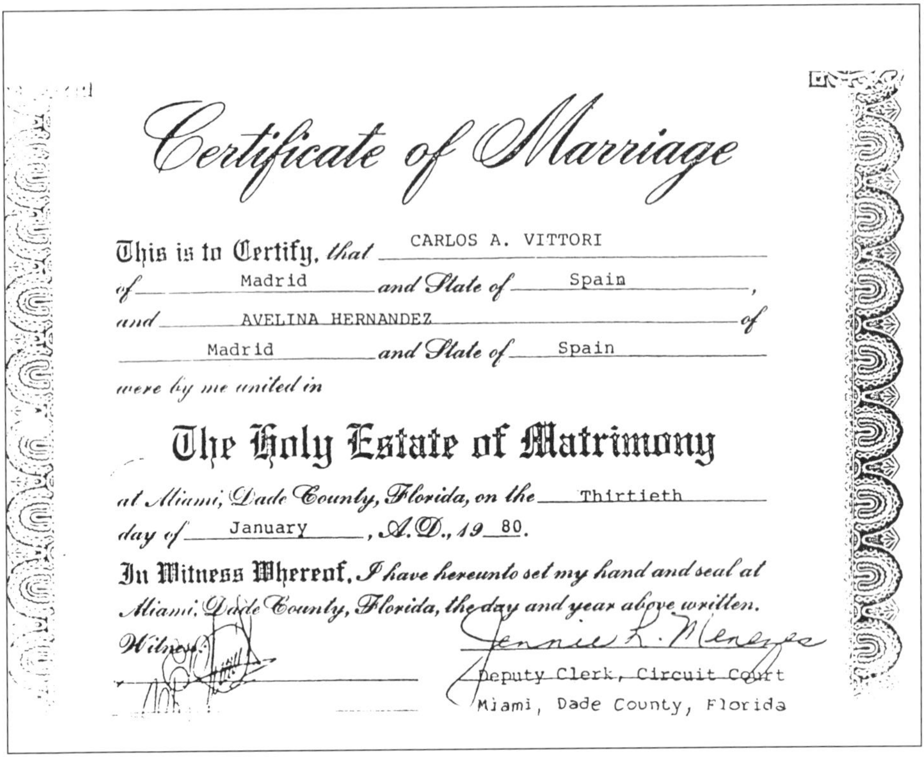

Certificate of Marriage

This is to Certify, that CARLOS A. VITTORI
of Madrid and State of Spain,
and AVELINA HERNANDEZ of
Madrid and State of Spain
were by me united in

The Holy Estate of Matrimony

at Miami, Dade County, Florida, on the Thirtieth
day of January, A.D., 19 80.

In Witness Whereof, I have hereunto set my hand and seal at
Miami, Dade County, Florida, the day and year above written.

Witness:

Deputy Clerk, Circuit Court
Miami, Dade County, Florida

Uma vez concluída sua tradução, responda às perguntas:

1. Olhando para seu texto traduzido, você considera que ele já está pronto ou precisa ser ainda mais trabalhado?
2. Que dúvidas você tem em relação a sua tradução?
3. Como você avalia o grau de dificuldade da tarefa?
4. Que dificuldades apresenta o texto? São estas linguísticas ou de outra natureza?

Independentemente da especificidade de suas respostas, podemos comentar alguns aspectos da tradução deste texto. Em primeiro lugar, o contexto desta atividade define algumas características da tradução a ser feita. Trata-se de um texto que vai ser colocado numa publicação e que requer, portanto, uma recriação adequada para os fins didáticos a que se visa. Uma consideração do que chamamos gênero ou tipo de texto é de suma relevância neste caso. O fato de se tratar de uma certidão de casamento nos remete de imediato a um formato, uma função específica, uma linguagem também específica, que caracterizam este exemplar do discurso jurídico. A identificação do tipo textual é importante para selecionar o formato, a estrutura e o léxico do nosso texto traduzido para o português.

A adequação do texto na língua portuguesa e na cultura brasileira requer que se trabalhe de acordo com as características desse gênero textual, a certidão de casamento, no Brasil. Você conhece alguma certidão de casamento brasileira? Já leu com atenção esse tipo de texto? Você se lembra do formato e da linguagem utilizados em português?

O dicionário é certamente uma ferramenta valiosa para a transposição deste texto. Mas será que resolve todos os problemas? Vejamos uma possível tradução apenas com o auxílio do dicionário.

Examine um trecho do original em inglês:

Figura 1.2

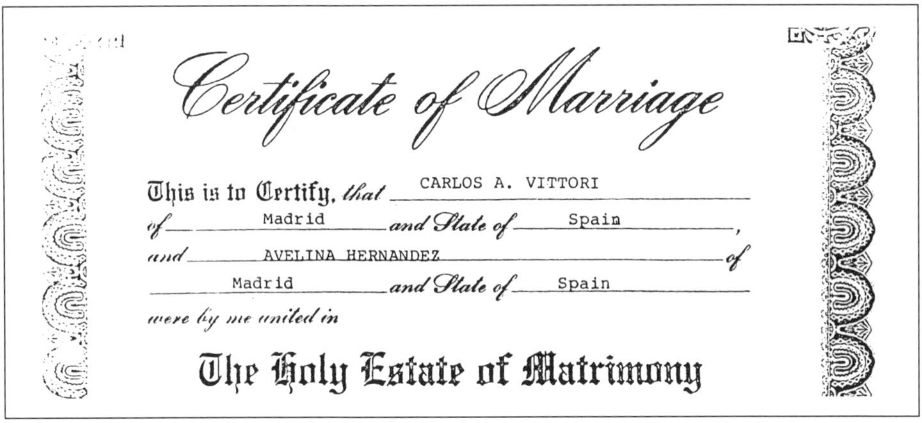
Certificate of Marriage

This is to Certify, that CARLOS A. VITTORI
of Madrid and State of Spain,
and AVELINA HERNANDEZ of
Madrid and State of Spain
were by me united in

The Holy Estate of Matrimony

Primeira tentativa de tradução para o português:

Isto é para certificar que Carlos A. Vittori de Madri e estado da Espanha e Avelina Hernández de Madri e estado da Espanha foram unidos por mim em sagrado matrimônio em Miami, Dade County, no dia 30 de janeiro de 1980.

O texto apresenta algo de estranho. A literalidade, ou tradução palavra por palavra, procedimento que algumas pessoas associam com a tarefa tradutória, não nos auxilia aqui a criar um texto aceitável. As dificuldades transcendem uma abordagem meramente lexical. Será que devemos manter uma formulação tal como “Carlos A. Vittori de Madri e estado da Espanha e Avelina Hernández de Madri e estado da Espanha”? Analisemos um pouco mais o contexto de produção do texto original.

Trata-se, como já dissemos, de uma certidão de casamento. O texto revela que o casamento teve lugar em Miami, consequentemente, nos Estados Unidos. Ora, parece que temos um formulário próprio que o funcionário de turno preencheu com os dados dos noivos. Pensado para os casamentos entre naturais dos Estados Unidos, o formulário requer informações sobre a cidade e o estado de origem dos noivos. Como no texto em questão os noivos não são americanos, mas estrangeiros, fez-se uma adaptação do formulário e colocou-se em lugar do estado, o país de origem. Tendo em vista que traduzir "estado da Espanha" não configura uma formulação apropriada em português, podemos eliminar um dado não relevante na certidão e colocar "de Madri, Espanha".

Passemos agora para a frase inicial da certidão e o parágrafo final. Novamente, pelas características do texto, as frases "This is to certify" e "In witness whereof" parecem ser parte do formulário, frases padrão que se aplicam a todos os casamentos. Neste ponto, surge uma pergunta. E os nossos formulários de certidão de casamento, têm frases padrão ou formulações próprias para o documento? Aqui, o dicionário ou o mero conhecimento da língua não são suficientes. Se o tradutor não possuir um conhecimento sobre este tipo textual no Brasil, o que se deve fazer?

Como já apontamos na discussão das crenças mais comuns a respeito da tradução, o conhecimento da língua e o uso de um dicionário não são requisitos únicos da tarefa do tradutor. Este deve contar com outro tipo de habilidades tais como saber buscar informação em outras fontes além do dicionário. Neste caso, o problema pode ser resolvido por meio do que chamamos de consulta a textos paralelos, isto é, a consulta a textos do mesmo tipo textual na língua e cultura receptoras da tradução. Numa certidão de casamento modelo no Brasil, encontramos as seguintes frases de abertura e fechamento do texto:

> Certifico que...
> O referido é verdade e dou fé.

Ambas parecem ser adequadas para a tradução do texto em questão. Nossa versão inicial do texto poderia ser reescrita assim:

> Certifico que Carlos A. Vittori, de Madri, Espanha e Avelina Hernández, de Madri, Espanha foram unidos por mim em matrimônio em Miami, Dade County, no dia 30 de janeiro de 1980. O referido é verdade e dou fé.

O que fazemos agora com esta formulação a seguir?

> *I have hereunto set my hand and seal at Miami, Dade County,*
> *Florida, the day and year above written*

Embora impressa com caracteres de fonte diferente daquela do restante do texto, faz parte do formulário e assemelha-se a uma frase feita, que guarda um certo tom arcaico, característico da linguagem jurídica. Uma observação do modelo de certidão brasileira revela que esta não possui tal frase, razão pela qual temos de tomar uma decisão sobre como traduzi-la. Quais os dados relevantes nela? Sem dúvida, o fato de que a certidão foi assinada em Miami no dia e ano já mencionados. Para adaptar esses dados ao modelo brasileiro, temos de explicitar, após o "dou fé", o local, a data e a assinatura do escrivão.

> O referido é verdade e dou fé. Miami, Dade County, Flórida, 30 de janeiro de 1980.

Este primeiro exemplo de tradução constitui, na realidade, um tipo de texto que geralmente demanda o que chamamos de tradução *juramentada*, isto é, da tradução feita por um tradutor especialmente investido desse cargo, escolhido em concurso público e regendo-se por regulamentação própria e tabelas de preços elaboradas pela junta comercial de cada estado. As traduções juramentadas são sob fé pública e por isso só podem ser realizadas pelos tradutores designados para essa função. No entanto, quando não se requer que a tradução seja juramentada, qualquer tradutor pode receber a solicitação de tradução de certidões, históricos escolares, diplomas, dentre outros.

Estratégias de tradução

Como vimos na tradução da certidão de casamento, diversos conhecimentos e habilidades participam do processo tradutório, que envolve leitura, reflexão, pesquisa e, ainda, redação, uma habilidade essencial para uma boa performance como tradutor. Também vimos que, ao longo do processo de leitura, interpretação e recriação do texto, surgem dúvidas e perguntas que devemos ir respondendo, baseados em nosso conhecimento prévio, linguístico e cultural, e em informações que devemos buscar fora do texto, através de pesquisas em textos paralelos e outros. Todas essas ações que realizamos, muitas delas de forma automática, semiconsciente, enquanto que outras a partir de decisões conscientes e cuidadosamente tomadas, constituem formas de resolução de problemas que chamamos *estratégias*. Segundo o pesquisador Andrew Chesterman (1998), as estratégias representam formas eficientes, apropriadas e econômicas de resolver um problema.

Estabelecendo uma analogia com outras áreas da linguística aplicada, como o ensino/aprendizagem de línguas estrangeiras, podemos dizer que, assim como existem estratégias de aprendizagem que o aprendiz bem-sucedido de línguas estrangeiras utiliza, também existem estratégias de tradução que o tradutor experiente utiliza para atingir suas metas e produzir um texto traduzido bem-sucedido. Retomando, também, o conceito de crença trabalhado no início deste capítulo, podemos dizer que há uma relação estreita entre as crenças do aprendiz, as estratégias que ele escolhe e utiliza e o maior ou menor sucesso de seu desempenho. Por exemplo, a crença de que traduzir seja simplesmente transpor o significado de palavras com a ajuda de um dicionário pode levar o tradutor a utilizar estratégias superficiais de como lidar com o texto e, consequentemente, a uma tradução totalmente inadequada. Retomando o exemplo da certidão de casamento, vemos como a simples busca de palavras no dicionário é uma estratégia muito precária e insuficiente para recriar o texto em português. São necessárias outras estratégias, tais como a utilizada por nós nesse caso, isto é, a consulta a textos paralelos em língua portuguesa no Brasil.

As pesquisas apontam que no caso das estratégias, há três tipos de conhecimento envolvidos que podem ser formulados por meio de três perguntas:

- O que é uma estratégia?
- Como fazer uso de uma estratégia?
- Quando e onde utilizar uma estratégia para alcançar um objetivo específico, despendendo-se um grau de esforço adequado à meta que se busca atingir?

Esses conhecimentos, as pesquisas confirmam, podem ser desenvolvidos com a instrução explícita sobre *o que* são estratégias, *como*, *quando* e *onde* utilizá-las de forma adequada e econômica para os fins perseguidos. Geralmente, faz-se uma observação daquelas estratégias utilizadas pelos usuários mais bem-sucedidos e experientes, procedendo-se ao registro delas, para assim poder instruir os aprendizes menos experientes. No caso da tradução, podemos observar as estratégias utilizadas pelos tradutores experientes a fim de mostrar aos tradutores novatos ou pouco experientes formas de resolução de problemas adequadas às diversas situações passíveis de serem encontradas no processo de tradução. Justifica-se, assim, a necessidade de se formar e qualificar tradutores que fundamentem seu exercício da profissão em crenças adequadas e utilizem estratégias de resolução de problemas eficientes e com garantia de sucesso.

São numerosas e variadas as estratégias que o tradutor experiente utiliza. Elas dizem respeito tanto a considerações do contexto da atividade tradutória como à análise do texto em seus aspectos macro e microlinguísticos e à busca de soluções para a produção de um texto que veicule a informação do texto original de maneira adequada, confiável e satisfatória para os potenciais leitores do texto traduzido. Para um maior entendimento desses aspectos, vejamos um exemplo de texto a ser traduzido e algumas das estratégias passíveis de serem utilizadas.

Crenças sobre a tradução e o tradutor   21

Atividade 3

Leia o texto 1.1 e responda às perguntas formuladas.

Texto 1.1

PRESCRIPTION FOR PROFIT

PlanetRx gears up to take the $150 billion U.S. market for health products online.

You may have thought of the idea yourself. Take the prescription-drug market, an $85 billion industry in the United States; add vitamins, over-the-counter medicines, and some beauty supplies; throw it all together online to create the largest pharmacy in the world. And maybe – just maybe – you'll have the ingredients for an explosive e-commerce recipe that will turn you into the next Amazon.com.

But you'd better read the warning label before you cook up this pot of gold, advises Stephanie Schear, 31, one of the five founders of South San Francisco, Calif.-based PlanetRx, an online pharmacy that was launched in January. Such a venture has a few side effects, not the least of which are administrative and financial headaches.

"I'm sure tons of people have thought of this concept," Schear says. "But it's very difficult to execute in this space. It's not like selling books. There's a confluence of things you need to get right: everything from product distribution to the technology to manage all the regulatory issues to inventory-management systems to customer service. Then you need to get the brand right and the consumer experience right. It's immense." But it can be done.

A year and half ago, Schear hooked up with Michael Bruner, a physician in training who wanted to use the *Internet* to improve communication between patients and health-care providers. When Bruner, 30, was in medical school, he discovered that patients were constantly confused by what their doctors – the attending physicians and residents – were telling them. In fact, sometimes the doctors' comments conflicted.

Determined to develop an online pharmacy with a heart and soul (he's an idealist, really, Schear says), Bruner partnered with two friends – Randal Wong and Stephen Su – to start the pillbox rolling. Around the same time, Stephanie Schear and her pal Dr. Shawn Becker were kicking around a similar concept. So, rather than battle it out, they joined forces.

Success, March, 1999:24.

---

1. Qual é o tópico geral do texto?
2. Há alguma narrativa sendo contada no texto? Qual é a sequência de fatos?
3. Observe o estilo do texto no primeiro parágrafo. Você percebe alguma semelhança entre o tópico do texto e o estilo desse primeiro parágrafo?
4. Preste atenção agora às palavras utilizadas ao longo do texto. Você percebe algumas delas sendo utilizadas de forma metafórica?

Dentre as estratégias utilizadas pelo tradutor experiente, encontramos a análise dos elementos contextuais, macro e microlinguísticos do texto, que desenvolveremos com mais profundidade nos capítulos 5 e 6. Por elementos macrolinguísticos, entendemos os aspectos que revelam o funcionamento do texto como um todo, ou seja, o tipo de texto, a função que esse texto geralmente tem, a audiência para a qual está dirigido. Os elementos microlinguísticos são os componentes de cada uma das sentenças do texto, que se articulam para se inter-relacionar entre si e dar tessitura a um texto. As perguntas acima relativas ao texto "Prescription for profit" têm por objetivo levar você a refletir sobre essa inter-relação entre elementos, nesse caso entre o tópico do texto, o modo como está redigido e o seu léxico. Pelo título, vemos que se trata de um artigo relacionado com a venda de medicamentos online, ou seja, por intermédio da internet. O primeiro parágrafo apresenta a notícia através da estrutura de instruções como aquelas típicas da bula de medicamentos. Temos, além disso, uma rede lexical muito interessante, uma vez que os termos próprios da área farmacêutica são utilizados de forma metafórica para explicar as decorrências do "produto" apresentado no primeiro parágrafo: o selo de advertência ("warning label") alerta sobre os possíveis efeitos colaterais ("side effects"). Juntamente com esse entrelaçamento lúdico entre léxico e tópico, temos uma narrativa que conta os fatos que levaram à criação do empreendimento sendo noticiado.

Todos os elementos são parte da tessitura do texto e sua recriação em outra língua, para ser bem-sucedida, requer a sensibilidade e percepção do tradutor, que deve detectar esses aspectos estilísticos que fazem do texto original um texto interessante e gostoso de se ler. Sugerimos, assim, como complementação, a tradução do texto "Prescription for profit", atendendo às observações feitas nessa análise do texto.

A sensibilidade para com aspectos macro e microlinguísticos de um texto é uma característica do tradutor experiente que, podemos afirmar, é antes de mais nada um leitor proficiente e analista de textos. Relacionadas com essa habilidade, encontram-se estratégias diversas de análise do léxico, da suposta intenção do autor do texto, do efeito das escolhas lexicais no leitor do texto original, todas orientadas para a produção de um texto traduzido adequado e que possa atrair a atenção do leitor na nova cultura na qual o texto está sendo inserido por meio da tradução. Nesse sentido, um dos tipos de textos que mais solicitam esse tipo de habilidade por parte do tradutor é, quiçá, o texto publicitário. Como todos sabemos, o texto publicitário possui uma função muito clara e definida e seu efeito como texto que busca suscitar uma ação ou comportamento por parte do leitor depende em grande parte da articulação de conceitos e imagens que apontam para o produto ou serviço sendo anunciado. Vejamos um exemplo a seguir.

Atividade 4

Leia o anúncio contido na figura 1.3 e defina qual a função do mesmo, o anunciante, o serviço anunciado e a forma pela qual esse serviço é apresentado ao leitor.

Figura 1.3

Vejamos, agora, alguns elementos que chamam a atenção no texto publicitário apresentado. O título e as imagens referem-se a um contexto que, por sua vez, traz ecos de um contexto diferente. Trata-se evidentemente de um conjunto de palavras que podem ser interpretadas de forma diferente conforme o contexto no qual se pensa. Poderíamos dizer que temos um jogo de palavras e uma dupla referência ao longo do texto: os bares como lugar de recreação e o guidom, a barra ("bar") de metal que comanda a direção da bicicleta, outra forma de lazer mencionada do texto. Obviamente, não temos em português uma expressão que permita fazer alusão a essas duas formas de lazer que estão sendo contrastadas no texto. Todavia, lembrando que a tradução não é a mera passagem de palavras de uma língua para outra, crença que já questionamos neste capítulo, podemos tentar recriar o texto e achar alguma forma de brincar com esses significados diferentes que confluem em "hit the bars after work". Vejamos algumas opções a seguir.

Uma estratégia do tradutor experiente é explorar sinônimos, palavras relacionadas ou de conotações análogas. Temos assim o conceito de "happy hour", muito comum no Brasil, ou a expressão "fim de tarde", ambas relacionadas com um tipo de lazer após o trabalho cotidiano, que envolve beber alguns drinques com colegas do serviço. Podemos tentar um contraste do tipo:

"Fim de tarde – Pé na estrada"
"Fim de tarde no bar? – É melhor segurar a barra"

Pense você também em soluções desse tipo e traduza o restante desse artigo.

Atividade 5

Após a experiência adquirida nas atividades 3 e 4, tente traduzir o texto publicitário contido nas figuras 1.4 e 1.5. Lembre-se de que sua tradução deverá ser uma recriação do texto na língua portuguesa e não uma mera transposição de palavras de uma língua para a outra.

Figura 1.4

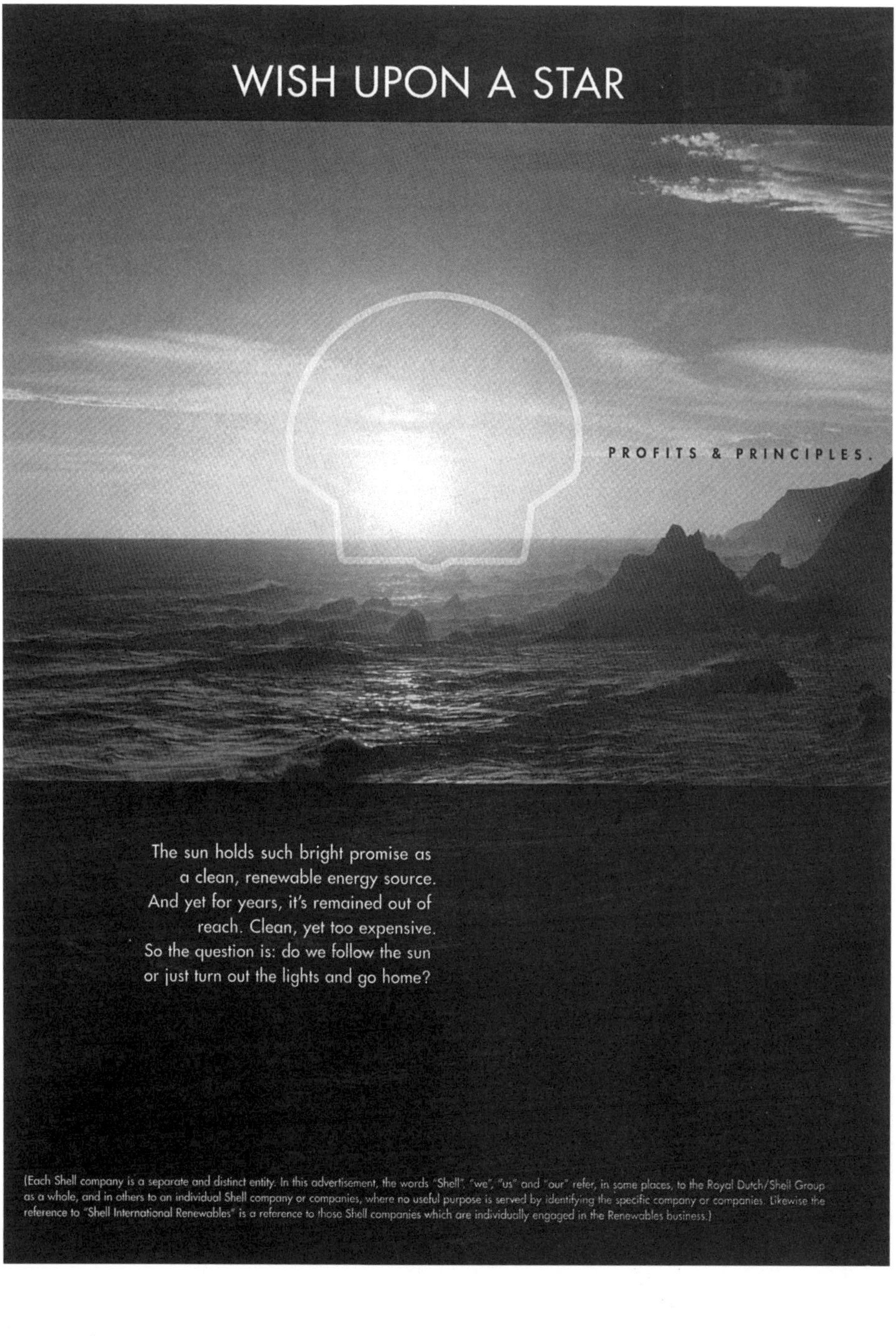
WISH UPON A STAR
PROFITS & PRINCIPLES.
The sun holds such bright promise as
a clean, renewable energy source.
And yet for years, it's remained out of
reach. Clean, yet too expensive.
So the question is: do we follow the sun
or just turn out the lights and go home?
(Each Shell company is a separate and distinct entity. In this advertisement, the words "Shell", "we", "us" and "our" refer, in some places, to the Royal Dutch/Shell Group as a whole, and in others to an individual Shell company or companies, where no useful purpose is served by identifying the specific company or companies. Likewise the reference to "Shell International Renewables" is a reference to those Shell companies which are individually engaged in the Renewables business.)

Figura 1.5

Conclusão

Ao longo deste capítulo, temos procurado mostrar a necessidade de se repensar todos os nossos pressupostos acerca da tradução e do tradutor à luz de pesquisas recentes e visando questionar aquelas crenças que comprovadamente não refletem a complexidade do ato tradutório. Vimos, por exemplo, que traduzir é mais do que conhecer uma língua, ou seu vocabulário, ou apenas transpor palavras de uma língua para outra. Vimos, também, que a fundamentação do aprendiz em crenças adequadas determina o tipo de ação que vai ser tomada para a resolução dos problemas enfrentados. Falamos, assim, em estratégias de tradução e em sua relevância para o tradutor novato que está se iniciando nessa tarefa.

A ideia de que a tradução não representa uma arte nem um dom, sem muita explicação ou análise, é rebatida nesse nosso volume. Preferimos pensar a tradução como uma atividade que requer diversos conhecimentos e habilidades do tradutor, que precisa estar sempre se qualificando e aprimorando. Acreditamos que a formação do tradutor e sua qualificação contínua sejam procedimentos essenciais para o exercício ético e adequado dessa profissão. A instrução torna o aluno consciente dos fatores e princípios teóricos em que se apoia uma tradução bem-sucedida. Também leva o aprendiz a aprofundar seus conhecimentos linguísticos, sobretudo em relação aos aspectos discursivos que dizem respeito ao texto como um todo, com uma função específica dentro de uma cultura determinada. A instrução promove, ainda, a tomada de decisões mais bem fundamentadas do tradutor e o ajuda a desenvolver uma atitude mais profissional.

A ideia subjacente à proposta deste livro é a de se pensar a tradução como tarefa que requer reflexão consciente, do tradutor, acerca das etapas que são percorridas ao longo do processo tradutório, as decisões que devem ser tomadas e as ações que devem ser executadas para se garantir um bom desempenho. Nesse sentido, a proposta deste livro será focalizar as diversas perspectivas que estão envolvidas no processo tradutório, tendo em vista a possibilidade de se identificar ações e procedimentos que contribuem para uma tradução bem-sucedida, isto é, de estratégias de tradução. Como já dissemos, a partir da observação do comportamento do tradutor experiente, reconhecemos estratégias por ele utilizadas e propomos sua utilização pelo tradutor novato ou menos experiente.

Os capítulos que se seguem apresentam algumas das estratégias de tradução mais relevantes ao exercício dessa atividade, quais sejam, a segmentação do texto a ser traduzido em unidades de tradução que reflitam adequadamente a compreensão do mesmo (capítulo 2); a busca, em fontes externas ao tradutor, de informações e conhecimentos essenciais ao entendimento do texto (capítulo 3); a utilização das habilidades de inferência e associação a partir dos conhecimentos que o tradutor já possui como parte de seu conhecimento de mundo e bagagem cultural (capítulo 4); o reconhecimento de aspectos macrotextuais tais como o gênero discursivo de um texto e os padrões retóricos dominantes nele (capítulo 5); a análise dos componentes microtextuais e sua adequada compreensão (capítulo 6).

Por último, no capítulo 7 oferecemos um modelo de estruturação das etapas do processo tradutório, que acreditamos contribuirá para você visualizar e compreender melhor os passos e tipos de decisões que você segue ao longo de seu percurso tradutório.

Leituras complementares

Caso você queira se aprofundar mais nas questões teóricas relativas às CRENÇAS SOBRE A TRADUÇÃO E O TRADUTOR, incluindo-se o conceito de tradução e a imagem do tradutor ao longo das diferentes épocas históricas, e às ESTRATÉGIAS DE TRADUÇÃO e de aprendizagem, sobretudo em relação a línguas estrangeiras, recomendamos uma leitura cuidadosa dos livros e artigos:

BASSNETT, S. *Translation Studies*. London & New York: Routledge, 1991.

LEFEVERE, A. Translation and its genealogy in the west. In: BASSNETT, S.; LEFEVERE, A. (Ed.). *Translation, history and culture*. London & New York: Pinter, p. 14-28, 1990.

MAGALHÃES, C. O tradutor segundo o tradutor brasileiro. In: VIII e IX Semanas de Estudos Germânicos do Departamento de Letras Germânicas da UFMG. *Anais...* Belo Horizonte: FALE/UFMG, p.136-143, 1991/1992.

MCDONOUGH, S. *Strategy and skill in learning a foreign language*. London: Edward Arnold, 1995.

O'MALEY, M., CHAMOT, A. *Learning strategies in second language acquisition*. Cambridge: Cambridge University Press, 1990.

PYM, A. *Epistemological problems in translation and its teaching*. Calaceit: Caminade, 1993.

2
Unidades de tradução
o que são e como operá-las

Fábio Alves

Objetivos

Neste capítulo vamos abordar os seguintes aspectos:
• Os diferentes conceitos de Unidade de Tradução (UT);
• As possibilidades de segmentar o texto, ou suas partes, em UTPs;
• Uma nova proposta de definição de UT.

Considerações teóricas

Todos nós sabemos intuitivamente que a tradução de um texto se faz por partes. Em princípio, parece-nos natural que essas partes sejam construídas sequencialmente no texto de chegada, tomando-se por base a estrutura do texto de partida. Em situações práticas, porém, nem sempre uma tradução transcorre tão naturalmente assim. Muitas vezes nos deparamos com itens lexicais desconhecidos, estruturas sintáticas incompreensíveis, ambiguidades semânticas de difícil solução. Esses acontecimentos modificam o ritmo sequencial do nosso trabalho como tradutores e nos levam a retroceder com o intuito de buscar explicações por meio de passagens já traduzidas e/ou a avançar no texto, deixando temporariamente de lado os problemas não solucionados. Contudo, continuamos a trabalhar por partes e etapas, mesmo que essas não sejam sequenciais e previamente estabelecidas. Isto nos leva à constatação, ainda que intuitiva, de que trabalhamos tanto o texto de partida quanto o texto de chegada por partes. Os Estudos da Tradução dão a essas partes o nome de **UNIDADES DE TRADUÇÃO (UTs)**. Todavia, a delimitação do tamanho e do escopo de uma UT tem se revelado problemática. Será que a UT ideal é encontrada no nível lexical ou será que ela se apresenta melhor no nível da sentença? Será que as UTs dependem da coerência textual e, portanto, devem ser delimitadas no âmbito do texto? Ou será, ainda, que a UT, em última instância, deixa-se delimitar no nível do morfema? As perguntas são muitas e não parece existir consenso entre os teóricos da tradução sobre possíveis respostas a elas. No decorrer deste capítulo vamos examinar as **UNIDADES DE TRADUÇÃO** em suas especificidades teóricas e práticas e procurar esclarecer um pouco mais sobre como podemos operá-las no decorrer do processo tradutório.

Alguns estudiosos comentam, com bastante razão, que uma questão fundamental para a tradução permanece imutável há mais de dois mil anos. Todas as discussões teóricas parecem girar em torno da dicotomia fidelidade *versus* liberdade. Cícero, um dos primeiros teóricos da tradução, proferiu no século I a.C. um dito clássico que nos acompanha desde então:

> Not ut interpres sed ut orator.

Poderíamos traduzi-lo aproximadamente do latim para o português como:

> Não como o que interpreta, mas como o que fala.

Ou, então, interpretá-lo, de forma mais livre, e traduzi-lo como significando

> Tão fiel quanto possível, tão livre quanto necessário.

É interessante observar que, acompanhando essas discussões milenares, a delimitação de uma UT depende fundamentalmente de como o tradutor se posiciona em relação à dicotomia fidelidade *versus* liberdade.

Em tempos mais recentes, Vinay & Darbelnet (1957) definiram a UT como "o menor segmento de um enunciado cuja coesão de sinais seja tal que esses não possam ser traduzidos separadamente", ou seja, a UT deve ser a menor possível para que o texto mantenha sua "fidelidade" ao original.

Haas (1968), baseando-se provavelmente em Cícero, procurou restringir a UT, delimitando-a no espaço entre "tão pequena quanto possível e tão longa quanto necessária".

Por outro lado, com o advento da Análise do Discurso e a emergência de uma linha de pesquisa nos Estudos da Tradução voltada para a funcionalidade – (cf. (*Skopostheorie*) Reiß & Vermeer (1984) –, o texto, como um todo, passa a ser visto por alguns estudiosos como sendo a única UT possível. A Análise do Discurso desenvolve, a partir dos conceitos de coesão e coerência, uma possibilidade de se abordar o texto com uma intrincada rede de relações interdependentes. Por seu lado, a Teoria da Funcionalidade vê a função de uma tradução como sendo seu objetivo primordial e, com isso, defende que o tradutor abandone a literalidade lexical e sintática em prol de uma contextualização mais adequada da tradução na língua e cultura de chegada.

Newmark (1988) observa apropriadamente que nenhuma dessas posições, bastante radicais, consegue atender plenamente ao tradutor. Ele argumenta que a posição de Haas prende-se à dicotomia milenar fiel *versus* livre e advoga que quanto mais livre a tradução maior será a UT e que quanto mais fiel a tradução menor será a UT. Poderíamos dizer que a tradução livre favorece a oração enquanto que a tradução literal defende a hegemonia da palavra. Remetendo a discussão a temas mais atuais, Newmark acrescenta ainda que desde o surgimento da Análise do Discurso e da Teoria da Funcionalidade, a tradução livre deslocou-se do nível da oração para o nível do texto como um todo. Voltamos, assim, aos mesmos problemas enumerados acima, ou seja, ficamos presos à dicotomia fiel *versus* livre.

Tentando delimitar melhor o tamanho de uma UT, Newmark sugere que no decorrer de uma tradução a maioria das UTs restringem-se ao nível da palavra. Seguem-se a elas as expressões idiomáticas, as frases, as orações e os períodos. A frequência das ocorrências, em termos de UTs, parece acontecer nessa ordem. A ela acrescenta-se, segundo Newmark, raramente o nível do parágrafo e jamais o nível do texto. Por outro lado, contrapondo-se ao trabalho de Newmark, temos as pesquisas empíricas de Gerloff (1987) com o intuito de delimitar a unidade de análise de uma tradução. Assim como em Newmark, os dados empíricos obtidos pela autora indicam a existência de UTs no nível do morfema, da sílaba, da palavra, da frase, da oração, do período e, até mesmo, no nível do discurso. Contudo, diferente de Newmark, que acredita que a maior ocorrência de UTs resida no nível da palavra, Gerloff conclui que as unidades de compreensão e produção em uma tradução são muito semelhantes àquelas identificadas no discurso falado e escrito. Segundo ela, dados empíricos comprovam uma maior preferência dos tradutores por situar a UT nos níveis da frase e da oração.

Podemos perceber que os aspectos teóricos mencionados acima não esclarecem satisfatoriamente o que são UTs e, muito menos, como devemos proceder com relação a elas no decorrer de uma tradução. Não pretendemos nesse livro fornecer uma definição exata de UT mas dotar o leitor de ferramentas de trabalho que o auxiliem a traduzir. Portanto, vamos tentar, agora, compreender um pouco mais esses aspectos teóricos ilustrando-os com alguns exercícios práticos de tradução.

Atividade 1

Preste bastante atenção ao texto 2.1 em língua inglesa.

32 Traduzir com autonomia – estratégias para o tradutor em formação

---

Texto 2.1

TRAVELERS ADVISORY

Compiled by Jeffery C. Rubin

SOUTH AMERICA RIO DE JANEIRO

Visitors who want to see how many of Brazil's citizens live can now add the Morro da Providência favela to their tourism itinerary. The oldest and most colorful of the slums that rise above the Cidade Maravilhosa, Providência is being featured in a new four-hour city tour offered by BTR Turismo. Six local teenagers will act as guides, showing off such sights as the Nossa Senhora da Pena Chapel, which dates from the turn of the century, as well as the stunning view of Rio from the hilltop. Police patrols ensure visitor's safety.

Cost: $22.

Time, March 2, 1992.

Uma das características mais marcantes desse texto é o uso de expressões em português para indicar nomes de lugares. Para nós, falantes nativos do português, isso facilita muito o trabalho de tradução. Observe que essas palavras em português, ao se destacarem do texto em inglês, passam a constituir UTs isoladas, facilmente identificáveis. É a partir delas que o texto em inglês começa a ser compreendido. Note também que, apesar de aparecerem em língua portuguesa, isso, por si, não nos oferece a garantia de que esses itens lexicais estejam corretos. Se você ler o texto novamente com mais atenção e se ainda não houver reparado, perceberá que a palavra Penha está grafada de forma incorreta. No texto em inglês, lê-se Pena. É claro que a capela em questão não se chama Nossa Senhora da Pena mas sim Nossa Senhora da Penha. Ao traduzir, temos de nos manter atentos a esses pequenos detalhes, corrigi-los, se possível, ou, então, em alguns casos torná-los mais claros no texto de chegada por meio de notas de pé de página. Voltemos novamente ao texto.

Na primeira linha lê-se:

> *Visitors who want to see how many of Brazil's citizens live can now add the Morro da Providência favela to their tourism itinerary.*

Como é que você leu *"how many"* na frase acima? Teria o mesmo sentido, como na sentença *"How many Brazilian citizens live in slums?"*; ou será que *"how many"* deve ser compreendido de forma diferente? Se você percebeu imediatamente a diferença, parabéns!

Na sentença acima, *"how many"*, geralmente um item lexical composto funcionando com um pronome interrogativo, desempenha um outro papel. Trata-se, na verdade, de dois itens lexicais distintos – *"how"* (como) e *"many"* (muitos) –

que devem ser traduzidos isoladamente para o português. Poderíamos pensar em uma primeira tradução dessa sentença para o português como

> Visitantes que queiram ver como moram muitos dos cidadãos do Brasil podem, agora, acrescentar a favela do Morro da Providência ao seu itinerário turístico.

Temos aqui um problema de solução simples, desde que "*how*" e "*many*" sejam processados como UTs diferenciadas.

Como você vê, as UTs podem variar de acordo com a nossa compreensão do texto. São muitos os fatores que contribuem para isso. Podemos citar entre muitos outros, nossos conhecimentos linguísticos tanto na língua de partida quanto na língua de chegada e nosso conhecimento prévio sobre o assunto tratado no texto. Contudo, a nossa atenção consciente para com o texto de partida é que nos levará ou não a perceber todas as suas características, todas as suas nuanças e sutilezas.

Vamos, então, fazer um outro exercício sobre a sua capacidade de perceber características linguísticas e textuais do texto dado. Volte novamente ao texto e leia-o com bastante atenção. Procure se conscientizar de tantos detalhes presentes nele quanto possível. Tente descobrir sutilezas como as que mencionamos acima. Tente, a seu modo, separar as UTs para poder começar a traduzir o texto. Quando terminar, responda as perguntas abaixo colocando (S) para as características que você percebeu e (N) para aquelas para as quais você não atentou.

Atividade 2

( ) Você percebeu que há uma oração relativa embutida na oração principal do primeiro período?

( ) Havia compreendido "*how*" e "*many*" de forma adequada nessa oração relativa?

( ) Atentou para o uso de superlativos na segunda sentença?

( ) Percebeu as diferenças de construção entre esses superlativos?

( ) Ficou claro para você que a segunda sentença apresenta-se na voz passiva?

( ) Questionou a possibilidade de modificar a voz na tradução da segunda sentença?

( ) Chegou a ficar curioso(a) em descobrir o que significa BTR na expressão by BTR Turismo?

( ) Notou que "*show off*" quer dizer mais que "*show*"?

( ) Havia descoberto que Penha estava escrito de forma incorreta?

( ) Questionou se valeria a pena transformar o preço de dólares para reais no final do texto?

Se você respondeu (*S*) à maioria das perguntas, parabéns! Está no caminho certo. O objetivo desse capítulo é, sobretudo, conscientizá-lo(a) das características mutáveis dessas UTs. Faremos outros exercícios logo adiante.

Outras considerações teóricas

Antes de continuarmos com os exercícios, voltemos novamente às nossas considerações teóricas. Acredito que temos, agora, melhores condições de definir o que, a nosso ver, são **UNIDADES DE TRADUÇÃO**. Constatamos, com os exercícios anteriores, que as UTs não são nem as menores unidades dotadas de significado, como pretendiam Vinay & Darbelnet, nem o texto completo, como defende uma corrente da Análise do Discurso. Na verdade, por meio das atividades 1 e 2, observamos que a delimitação das UTs depende exclusivamente de cada um de nós e de nossa bagagem pessoal de conhecimentos. A capacidade de dividir o texto em UTs revela-se por intermédio das perguntas que você acabou de responder. Cada um de nós fará uma tradução diferenciada exatamente porque partimos de UTs diferentes para realizar nossas traduções. Não existe nada errado com isso. Trata-se apenas da constatação de que nossos processos cognitivos e, por conseguinte, nossas estratégias de tradução têm características predominantemente individuais. As UTs podem mudar de forma e tamanho. Podemos acrescentar ou reduzir itens para processá-las de modo mais adequado. Podemos até mesmo reformulá-las sintática ou semanticamente. O que realmente importa é nossa atenção consciente em torno do foco do nosso trabalho. O importante é percebermos o que fazemos e como o fazemos. É saber que caminhos percorremos para transformar uma estrutura (*x*) na língua de partida em uma estrutura (*y*) na língua de chegada.

Este é o posicionamento básico que estaremos adotando ao longo de todo esse livro ao discorrermos sobre estratégias de tradução. Acreditamos que a sua intervenção consciente sobre o foco de sua atenção, no decorrer do processo tradutório, produzirá uma tradução mais personalizada, pela qual você será capaz de assumir maior responsabilidade. Com o aumento do grau de autonomia sobre o seu próprio trabalho de tradução você terá maior controle sobre sua própria produção.

Passemos, então, ao desenvolvimento dessas habilidades autônomas. Os exercícios que faremos a seguir são também exercícios de conscientização. É importante que você desenvolva a capacidade de identificar marcadores lexicais, bem como as marcas sintáticas, semânticas e pragmáticas presentes no texto. Estaremos trabalhando com a delimitação de UTs mas, ao mesmo tempo, direcionando-o (a) para o desenvolvimento das estratégias de tradução que serão trabalhadas nos próximos capítulos.

Unidades de tradução 35

Atividade 3

A segmentação da sentença em UTs
Em primeiro lugar, examine no trecho a seguir a frase introdutória do romance *Emma*, de Jane Austen.
Sixteen years had Miss Taylor been in Mr. Woodhouse's family, less as a governess than a friend.
Identifique as UTs que você acredita ser necessárias para processar, compreender e traduzir o texto e, a seguir, procure especificá-las.

Listamos, a seguir, alguns exemplos de possíveis UTs.
- Sixteen years?
- had _____ been?
- Miss Taylor?
- Mr. Woodhouse?
- in Mr. Woodhouse's family?
- governess?
- less as _____ than?
- less as a governess than a friend?

Compare-os com as UTs que você definiu.
(1) Quais são as diferenças que você encontrou?

Procure, agora, discutir essas UTs com seus colegas. Caso você esteja utilizando esse livro de forma autônoma, tente encontrar um outro leitor com quem possa comparar seu exercício. Preste atenção nas possíveis diferenças encontradas por vocês. Atente também para as semelhanças entre suas UTs. Não é necessário que você dê uma forma definitiva à sua tradução. Tente apenas encontrar possíveis opções de tradução para o português e procure listá-las.

Atividade 4

As expressões idiomáticas como UTs
Vamos examinar agora um outro tipo de estrutura linguística: as expressões idiomáticas.
Observe atentamente as cinco expressões inglesas aqui listadas:
a) *"Birds of a feather flock together."*
b) *"A bird in the hand is worth two in the bush."*
c) *"One swallow doesn't make a summer."*
d) *"Don't cry over spilt milk."*
e) *"Make hay while the sun shines."*

Procure responder as perguntas seguintes:

(2) Como você dividiria cada uma das expressões acima em UTs?

(3) Quais são as principais diferenças entre elas e a frase de Jane Austen?

(4) Se traduzidas para o português, o que diferencia as expressões (a) e (e) das expressões (b)/(c)/(d)?

(5) Quais são suas possíveis traduções para as expressões dadas? Compare (a)/(e) com (b)/(c)/(d).

Como você pode perceber, a delimitação de UTs depende bastante do tipo de texto a ser traduzido. Existem textos mais flexíveis que permitem uma maior amplitude às UTs; existem também outros tipos de texto mais rígidos que limitam e restringem as UTs. Por isso, a sua atenção consciente é fundamental. Vimos que a delimitação das UTs é o ponto de partida para uma boa tradução. Cabe a você desenvolver cuidadosamente essa habilidade para poder traduzir de forma mais eficaz e adequada.

Atividade 5

Vamos fazer agora um último exercício com o intuito de identificar UTs. Nesse exercício você trabalhará com bastante autonomia e deverá produzir uma tradução acabada para o português do texto de partida em inglês. Procure seguir os passos e reflexões desenvolvidos ao longo deste capítulo. Preste bastante atenção no texto 2.2:

Texto 2.2

BRAZIL

Carnal Carnaval

A shapely dominatrix has ignited the fantasies of Brazilian merchants. Suzana Alves, known as Tiazinha or "Little Aunt", appears on a wildly popular TV variety show where she uses wax to strip body hair from men who answer trivia questions incorrectly. Last month she made a splash parading in Rio de Janeiro's Carnaval. Now marketers have launched a closetful of Tiazinha consumer goods, like nylons, underwear, lollipops and, of course, depilatory wax. Brazilian *Playboy* will unmask her in a forthcoming centerfold. The planned press run: a record 1 million copies.

Newsweek, March 8, 1999.

Desenvolva o seu trabalho de tradução observando as seguintes etapas:

a) Divida o texto em possíveis UTs;

b) Faça uma análise detalhada de cada uma delas;

c) Reflita novamente sobre as UTs escolhidas;

d) Modifique-as se não estiver satisfeito;

e) Elabore uma primeira versão de tradução para o texto acima.

Agora, tendo em mãos sua primeira versão de tradução, responda as perguntas a seguir:

1. Você se sente satisfeito com a sua tradução?

2. Gostaria de modificar eventualmente alguma ou várias das UTs trabalhadas?

3. Acredita que poderia melhorar sua tradução?

4. Como poderia fazer isso?

Com base em suas respostas, redija, a seguir, uma outra versão aperfeiçoada de sua tradução.

Finalmente, organize em ordem sequencial o seu trabalho de tradução, preparando um pequeno portfólio. Inclua nele o texto de partida, sua primeira divisão do texto em UTs, suas reflexões sobre elas, possíveis modificações na divisão de UTs, sua primeira versão da tradução, suas respostas às perguntas formuladas pelo exercício e sua outra versão aperfeiçoada da tradução. Se você estiver trabalhando em grupo, juntamente com um professor, essa é a hora adequada para cada um fazer uma apresentação de seu portfólio e discuti-lo com os colegas. Se você estiver trabalhando de forma autônoma, seria interessante, se possível, procurar um outro leitor para discutir seu trabalho com ele.

A última tarefa proposta neste capítulo consiste agora em desenvolver uma crítica de seu próprio trabalho de tradução. Se possível, compare seu portfólio com o portfólio de seus colegas, avalie seu desempenho e redija uma crítica do texto que você apresentou como versão definitiva.

Se você gostou das atividades propostas neste capítulo, poderá ampliá-las, escolhendo outros textos e seguindo os mesmos passos que desenvolvemos aqui.

Conclusão

Chegamos, então, ao final deste capítulo. Acredito que temos, agora, melhores condições para propor uma definição alternativa de UT. Tomando por base sua leitura deste capítulo e os exercícios que você fez, você concordaria com a definição proposta a seguir?

> UNIDADE DE TRADUÇÃO é um segmento do texto de partida, independente de tamanho e forma específicos, para o qual, em um dado momento, se dirige o foco de atenção do tradutor. Trata-se de um segmento em constante transformação que se modifica segundo as necessidades cognitivas e processuais do tradutor. A UNIDADE DE TRADUÇÃO pode ser considerada como a base cognitiva e o ponto de partida para todo o trabalho processual do tradutor. Suas características individuais de delimitação e sua extrema mutabilidade contribuem fundamentalmente para que os textos de chegada tenham formas individualizadas e diferenciadas. O foco de atenção e consciência é o fator direcionador e delimitador da UNIDADE DE TRADUÇÃO e é através dele que ela se torna momentaneamente perceptível.

Como você pode perceber claramente, nossa intenção não é apresentar um conceito rígido de **UNIDADE DE TRADUÇÃO**. Muito pelo contrário, por meio dos conceitos e exercícios desenvolvidos ao longo deste capítulo, queremos disponibilizar para você uma ferramenta de trabalho flexível, que atenda suas necessidades como tradutor. Acreditamos que esse posicionamento, tanto prático quanto teórico, é de fundamental importância em seu processo de formação como tradutor. A partir dele, você poderá desenvolver outras estratégias de tradução como as que serão apresentadas nos capítulos seguintes.

Leituras complementares:

Caso você queira se aprofundar um pouco mais nas questões teóricas envolvendo **UNIDADES DE TRADUÇÃO**, recomendamos uma leitura cuidadosa dos livros e artigos:

ALVES, F. A formação de tradutores a partir de uma abordagem cognitiva: reflexões de um projeto de ensino. *Revista TradTerm*, v. 4, n. 2, p. 19-40, 1997.

ALVES, F. Lançando anzóis: uma análise cognitiva de processos mentais em tradução. *Revista de Estudos da Linguagem*, v. 4, n. 2, p. 71-90, 1996.

BELL, R. *Translation and translating: theory and practice*. London: Longman, 1991.

FAERCH, C., KASPER, G. *Introspection in second language research*. Philadelphia: Multilingual Matters, 1987.

GERLOFF, P. Identifying the unit of analysis in translation: some uses of think-aloud protocol data. In: FAERCH & KASPER, op. cit., p. 135-158.

NEWMARK, P. *A textbook of translation*. London: Prentice Hall, 1988.

VINAY, J. P., DARBELNET, J. *Stylistique comparée du français et de l'anglais*. Paris: Didier, 1957.

3
Estratégias de busca de subsídios externos
fontes textuais e recursos computacionais

Adriana Pagano

Objetivos

Neste capítulo, vamos abordar os seguintes aspectos:
- Os diversos conhecimentos envolvidos no ato tradutório;
- As decisões a serem tomadas pelo tradutor diante de um problema de tradução;
- Os recursos externos disponíveis para subsidiar o processo tradutório.

Considerações teóricas

No capítulo 1, falamos sobre as diferentes crenças comumente associadas à tarefa de traduzir e vimos como muitas delas não só são inadequadas para explicar ou compreender o processo tradutório, como também interferem negativamente nas ações executadas pelo tradutor, fazendo com que este não tenha conhecimento adequado sobre os fatores e princípios teóricos que garantem uma tradução bem-sucedida. Além disso, tais crenças impedem o tradutor de utilizar eficientemente seu próprio potencial e o potencial de outros recursos existentes para auxiliá-lo em sua tarefa. Vimos também alguns exemplos de tradução nos quais o tradutor é chamado a tomar determinadas decisões para levar a cabo uma tradução apropriada do texto em questão, ações estas que chamamos de estratégias de tradução. Apenas relembrando o exemplo da primeira atividade do capítulo 1, a tradução de uma certidão de casamento, temos uma ilustração da estratégia de busca e consulta de textos paralelos, isto é, de certidões de casamento em português, para poder comparar o léxico e a sintaxe própria desse tipo de texto em cada uma das línguas e promover a tradução de termos do jargão jurídico em inglês para termos do jargão jurídico em português.

A consulta de textos paralelos na língua para a qual se traduz é apenas uma das estratégias apontadas como forma de se buscar apoio para o processo tradutório, a fim de garantir uma tradução bem-sucedida. Existem outras estratégias igualmente eficazes e muito utilizadas pelos tradutores experientes, cujo uso buscamos promover a fim de levar o tradutor novato ou pouco experiente a tornar-se consciente dos caminhos mais adequados para se desenvolver uma atitude profissional e exercer a atividade tradutória de forma eficiente, confiável e ética.

A necessidade, por parte do tradutor, de buscar em fontes de consulta externas informações que não possui é fato inquestionável no exercício da atividade tradutória. Mesmo contando com uma sólida formação escolar, com cursos de especialização ou com uma permanente atualização de seus conhecimentos em áreas diversas, o tradutor não consegue dominar todas as áreas de conhecimento nem os diferentes tipos de demanda do mercado das traduções. A qualificação permanente por meio de realização de cursos, participação em congressos e conferências, viagens, discussões e debates em grupo é elemento indispensável ao desempenho bem-sucedido do tradutor moderno, mas não garante, de todo, a aquisição das informações necessárias para se resolver um determinado problema de tradução identificado em um texto em particular.

Segundo o teórico americano Douglas Robinson (1997), que em seu livro *Becoming a translator* refletc, entre outros pontos, sobre as características da relação tradutor-cliente, o objetivo último de tradutores e outros profissionais que trabalham com o uso simultâneo de diversas línguas é fazer com que os usuários de traduções comecem a confiar nas traduções e nos tradutores. Nesse sentido, para Robinson, a confiabilidade de uma tradução está relacionada com a confiança que o usuário pode depositar nesse texto.

A confiabilidade demanda, segundo Robinson, que o tradutor desenvolva determinadas atitudes em relação ao seu cliente e ao texto a ser traduzido. Em relação ao cliente, a confiabilidade será atingida se o tradutor estabelecer com ele uma relação cordial e versátil, assegurando-lhe uma postura confidencial no que diz respeito às informações que estão sendo trabalhadas na tradução e garantindo o cumprimento das metas e prazos definidos nesse dito "contrato", que se celebra tacitamente entre as duas partes. Em relação ao texto a ser traduzido, Robinson aponta como aspectos essenciais à tarefa do tradutor a pesquisa e a verificação dos dados necessários à escrita do texto, o cuidado com os detalhes e a sensibilidade do tradutor para com as necessidades específicas do usuário potencial do texto traduzido.

Esses últimos aspectos estão diretamente relacionados com o objetivo de nossa discussão, qual seja, as estratégias de busca de subsídios externos que auxiliem o processo tradutório. Retomemos cada um deles, com maior atenção, com as atividades que se seguem.

> **Atividade 1**

A pesquisa e a verificação de dados que estão sendo trabalhados na construção do texto traduzido envolvem, evidentemente, a utilização de um dos recursos mais comuns nas atividades de tradução: o dicionário.

Embora seja o recurso mais comumente associado à tradução e ao tradutor, o dicionário está longe de ser o recurso mais bem utilizado. Isto ocorre devido a algumas crenças ainda existentes em relação à tradução que apontam para o dicionário bilíngue, isto é, aquele construído sobre um par linguístico determinado (por exemplo, inglês-português), como sendo a única ferramenta disponível e indispensável para o tradutor. Retomando, então, a figura do tradutor experiente, sabemos hoje que o dicionário bilíngue, quando bom, é apenas um dos recursos existentes, cuja utilização requer a verificação ou checagem das informações em outros tipos de dicionários, como é o caso dos dicionários monolíngues, que oferecem uma descrição ou explicação do termo procurado. Também sabemos que os dicionários, como depositários de um grupo de termos em uso num determinado período histórico, são datados e precisam de constantes atualizações. Nesse sentido, versões modernas são necessárias, preferentemente aquelas que são construídas, através de recursos computacionais, a partir de um banco de dados atual e diversificado, que contempla diversos tipos de textos. Dicionários monolíngues em inglês como, por exemplo, o *Collins Cobuild English Dictionary*, oferecem um conjunto de termos atualmente em uso, retirados de fontes textuais diversas, de definições claras e precisas. Complementam essas definições informações lexicais indispensáveis ao tradutor, tais como sinônimos, antônimos, hipônimos e palavras afins.

Para esclarecer mais este ponto, vejamos alguns exemplos de dados que podem ser obtidos em diferentes dicionários, no caso de uma busca de significado de uma palavra desconhecida para o tradutor. A palavra é *crops* e foi retirada da sentença sublinhada no texto 3.1 (um artigo acadêmico na área de botânica):

Texto 3.1

APPLIED AND ENVIRONMENTAL MICROBIOLOGY
Jan. 1981, p. 97-99
0099-2240/81/010097-03$02.00/0
Vol. 41, No. I

NODULATION OF ACACIA SPECIES BY FAST- AND SLOW-GROWING TROPICAL STRAINS OF RHIZOBIUM

B. L. DREYFUS AND Y. R. DOMMERGUES[*]

Laboratoire de Alicrobiologie des Sols, ORSTOM/Centre National de la Recherche Scientifique Dahar, Senegal, West Africa

Thirteen Acacia species were classified into three groups according to effective nodulation response patterns with fast-and slow-growing tropical strains of Rhizobium.

The first group nodulated effectively with slow-growing, cowpea-type Rhizobium strains; the second, with fast-growing Rhizobiuin strains; and the third, with both fast-and slow-growing Rhizobium strains. The Rhizobium requirements of the Acacia species of the second group were similar to those of Leucaena leucocephala.

Shrubs and trees of the legume genus Acacia (Mimosaceae) are abundant in savannas and arid regions of Australia, Africa, South and North America, and India. In the Sahel region of Africa, Acacia is often the dominant tree species, where they grow in barren soils and dry sites unsuited for most crops. The Acacia species stabilize sandy and eroded soils and exploit deep underground water by virtue of their extensive rootsystems. They provide shade, forage for animals, firewood, charcoal, and gums. Most Acacia species nodulate with Rhizobium and fix N_2 (1, 2, 4, 6), but little is known about the specificity and the characteristics of Rhizobium symbionts, (7, 8). It is known that Rhizobium requirements of some Acacia species seem to be specific and to involve nodulation by slow-growing, cowpea-type Rhizobiuni strains (3). However, one Acacia species, Acacia farnesiana, was shown to be nodulated by fast-growing strains of Rhizobium (10). In this paper, we report the result of a cross-inoculation study concerning the rhizobia associated with several native and introduced Acacia species usually grown in the Sahel region.

Um dicionário bilíngue, amplamente utilizado no nosso país, o *Michaelis Dicionário Ilustrado*, nos oferece as seguintes possibilidades de tradução para a palavra *crop*, como substantivo:

crop [krop] s. 1. colheita f. 2. safra f. 3. resultado m. 4. grupo m., coleção f. 5. cabelo cortado m. 6. marca f. de orelha cortada. 7. papo m. de ave. 8. chicote curto m. de montaria. 9. cabo m. de chicote.

O tradutor novato ou inexperiente geralmente toma as primeiras opções de tradução oferecidas pelo dicionário bilíngue como sendo escolhas certas e não se detém para examinar a sua adequação. Chega, assim, a versões tais como:

Na região do Sahel na África, a <u>Acácia</u> frequentemente é a espécie arbórea dominante, onde cresce em solos inférteis e áreas secas não apropriadas para a maioria das colheitas.

O tradutor experiente, ciente das limitações dos dicionários bilíngues e atento para a adequação de determinados termos no contexto no qual estão inseridos, geralmente consulta dicionários monolíngues e enciclopédicos, os quais tendem a oferecer maiores dados sobre os termos consultados. Vejamos agora o verbete da palavra *crop*, como substantivo, em alguns dos dicionários monolíngues mais utilizados no Brasil.

The American Heritage Dictionary:

crop (krop) *n.* 1.a. Agricultural produce. b. The total yield of such produce. 2. A group. 3. A short haircut. 4.a. A short riding whip. b. The stock of such a whip. 5. *Zool.* A pouch-like enlargement of a bird's gullet in which food is digested or stored.

The New Lexicon Webster's Encyclopedic Dictionary of the English Language:

crop (krop) 1. n. harvested grain, fruit et. || cultivated produce while growing || a group of things coming together, *a crop of difficulties* || the pouchlike dilation of a bird's gillet where food is broken up for digestion || a hunting whip with a loop instead of a lash || the handle of a whip || hair cut short || the style of wearing hair so cut || a complete, tanned animal hide.

Longman Dictionary of Contemporary English:

crop /krop || krap/ n 1. [often pl.] a plant or plant product such as grain, fruit, or vegetables grown or produced by a farmer: *Wheat is a widely grown crop in Britain* 2. the amount for such a product produced and gathered in a single season or place: *We've had the biggest wheat crop ever this year because of the hot summer* | (fig.) *a fine crop of hair* 3 [usu. sing.] a group or quantity appearing at any one time: *a whole new crop of college students* 4. a baglike part of a bird's throat where food is stored and partly digested 5. also **hunting crop, riding crop** – a short riding whip consisting of a short fold of leather fastened to a handle – see picture at HORSE 6. the handle of a whip 7 [usu. sing.] hair cut very short

Oxford Advanced Learner's Encyclopedic Dictionary:

crop /krop/ n 1 (a) [C] amount of grain, hay, fruit, etc grown in one year or season: *the potato crop* ° *a good crop of rice* ° *a bumper* (ie very large) *crop* ° [attrib] *a crop failure.* (b) **crops** [pl] agricultural plants in the fields: *treat the crops with fertilizer.* 2 [sing] ∼ **of sth** group of people or quantity of things appearing or produced at the same time: *this year's crop of students* ° *The programme brought quite a crop of complaints from viewers.* 3 [C] very short hair-cut. 4 [C] bag-like part of a bird's throat where food is prepared for digestion before passing into the stomach. 5 [C] (also **hunting-crop**) whip with a short loop instead of a lash, used by riders. 6 (idm) **neck and crop** ⇒ NECK.

Collins Cobuild Dictionary of the English Language:

crop [krop], **crops, cropping, cropped**. 1. A crop is 1.1 a plant that is grown regularly and in large quantities on farms, in fields, etc. E.g. *The population is dependant upon a single crop, wheat... There stretched vast fields of crops growing in different colours.* 1.2 the plants that you collect at harvest time when they are fully grown and ready to be stored, processed, or sold. E.g. *They get two crops of rice a year... The commune produced a varied crop of cotton, fruit, and vegetables.* 1.3 animals or their produce that you need and use, and that you obtain by work and care. E.g. *We had only half the usual honey crop last summer... Next year's crop of kids, calves, and chicks will be poor.* 1.4 an amount of something that has grown in a particular place, often in a place where you do not want it to grow; often humorously in informal English. E.g. *You've got a splendid crop of hair... racked white china cups with fabulous crops of mould.* 1.5 a group of similar people or things that have all emerged or been produced at the same time; an informal use. E.g. *What do you think of the current crop of school-leavers?... Everyday provides its crop of reasons for delay and hesitation.*	**N COUNT: USU PL** **N COUNT: USU SING, IF + PREP THEN** *of* **N COUNT + SUPP: USU SING** ⇑ **produce** **N PART: USU SING** **N PART: USU SING = batch**

A comparação dos diferentes verbetes evidencia os diferentes tipos de informação que cada dicionário fornece. *The American Heritage Dictionary* oferece pouca informação além daquela apresentada pelo *Dicionário Michaelis*. *The New Lexicon Webster's Encyclopedic Dictionary of the English Language*, no entanto, já anuncia uma nuance de significado para a palavra *crop*: esta pode se referir ao cultivo colhido ou enquanto este está crescendo.

Por se tratar de materiais dirigidos ao aprendiz de inglês como língua estrangeira, o *Longman Dictionary of Contemporary English*, o *Oxford Advanced Learner's Encyclopedic Dictionary* e o *Collins Cobuild Dictionary of the English Language* oferecem, sem dúvida, dados mais específicos em relação ao termo em discussão, não apenas numa perspectiva etimológica, mas também sob a ótica do uso do termo em diferentes instâncias discursivas. Assim, sabemos, por meio desses dicionários, que existem usos diferenciados do termo na forma singular e plural. Aplicando esse conhecimento ao nosso texto, percebemos que as definições de *crops* no plural – *a plant or plant product such as grain, fruit, or vegetables grown or produced by a farmer; agricultural plants in the fields; a plant that is grown regularly and in large quantities on farms, in fields* –, juntamente com os exemplos de uso do termo que esses dicionários mostram, nos ajudam a construir uma tradução de crops diferente daquela fornecida pelo dicionário bilíngue. O texto não se refere a "colheitas" ou "safras", mas a "culturas", "plantações", a "agricultura em geral". Podemos, agora, propor as seguintes opções de tradução da sentença em questão:

Na região do Sahel na África, a <u>Acácia</u> é frequentemente a espécie arbórea dominante, onde cresce em solos inférteis e áreas secas não apropriadas para a maioria das culturas.

ou

Na região do Sahel na África, a <u>Acácia</u> é frequentemente a espécie arbórea dominante, onde cresce em solos inférteis e áreas secas não apropriadas para a maioria das plantações.

ou ainda

Na região do Sahel na África, a <u>Acácia</u> é frequentemente a espécie arbórea dominante, onde cresce em solos inférteis e áreas secas não apropriadas para a agricultura.

Embora esta última opção elimine um detalhe explicitado pelo original, que é o fato de que as áreas não são apropriadas para a <u>maioria</u> das culturas, deixando à margem a interpretação de que poderia haver alguma cultura passível de ter sucesso nessa região.

> **Atividade 2**

O exemplo aqui discutido também ilustra um outro tipo de busca de subsídios externos, além da busca de significados e versões de termos desconhecidos. Trata-se da busca de referências em relação a nomes próprios ou conceitos utilizados no texto original. É este o caso da referência geográfica com a qual se inicia o trecho do texto analisado: "In the Sahel region of Africa". A tradução de nomes próprios, principalmente de nomes históricos e geográficos, demanda do tradutor uma pesquisa para saber se existe uma forma traduzida consagrada na língua para a qual se traduz. Além disso, a compreensão por parte do tradutor das referências utilizadas no texto de partida é essencial para uma tradução adequada do mesmo. No caso do exemplo acima, se o tradutor desconhece a referência geográfica utilizada, este deve pesquisar em dicionários enciclopédicos, enciclopédias ou outros textos de referência. Por exemplo, o verbete *sahel* no *The New Lexicon Webster's Encyclopedic Dictionary of the English Language* diz:

> **sahel** (sahel) n. a climatic transition zone of tropical Africa south of Sahara, between the dessert and the savanna. It is characterized by low, scattered vegetation (tamarisk, gum acacia etc.) and supports a limited agriculture (millet, peanuts).

Esses dados conferem com a descrição dada no texto de partida (solos inférteis, áreas secas não apropriadas para a maioria das culturas). Eliminamos aqui a terceira versão oferecida acima, já questionada devido à sua eliminação de dados do original, uma vez que, segundo o dicionário, existem algumas culturas na região do Sahel. Para saber se existe alguma versão consagrada da palavra "sahel" em português, temos de consultar, agora, um atlas ou enciclopédia em português. Por exemplo, o *Atlas Geográfico Mundial*, recentemente publicado pelo jornal *Folha de S.Paulo*, apresenta no mapa do relevo da África a região do "Sahel", utilizando essa grafia.

Além da busca em dicionários e enciclopédias, o tradutor conta com o recurso de consultar amigos, colegas de trabalho ou estudo e, quando possível, pessoas especializadas na área, que podem oferecer subsídios adicionais para resolver os problemas tradutórios. Assim, por exemplo, por meio de uma consulta feita por mim a um grupo de amigos, tomei conhecimento de uma outra expressão também utilizada para se referir a essa região do Sahel: a "África subsaariana".

Atividade 3

Retomemos, agora, o texto sob análise, do qual extraímos apenas uma sentença. Como já dissemos, trata-se de um artigo acadêmico da área de Biologia, mais especificamente a Microbiologia. O nome do periódico no qual o texto está inserido, *Applied and Environmental Microbiology*, e o título do artigo, "Nodulation of <u>Acacia</u> species by fast- and slow-growing tropical strains of rhizobium", antecipam ao tradutor o caráter especializado desse texto, relacionado com aspectos discursivos prototípicos do que chamamos de um gênero textual em particular, neste caso, o artigo científico. Sem entrar aqui em detalhes, uma vez que a noção de gênero será abordada adiante, no capítulo 5, podemos dizer que o artigo acadêmico ou científico caracteriza-se pela observação de convenções sociodiscursivas, definidas pela comunidade de usuários que interage com esse tipo de texto. Geralmente, o artigo comunica resultados de pesquisas realizadas por cientistas que, para desenvolver sua tarefa, se apoiam em pesquisas anteriores na área e dialogam com elas. Isto explica, por exemplo, o grande número de ocorrência de citações e referências bibliográficas no corpo do texto, bem como a utilização de um léxico e de uma estrutura textual compartilhadas pelos membros da comunidade de usuários desse tipo de texto. No cotidiano, falamos comumente em "jargão" de uma determinada área para referir-nos àquelas palavras cujo uso e significado adquirem uma especificidade não transferível para outras áreas. Assim, por exemplo, retomando a sentença discutida acima, quando da discussão do termo *crops*, vemos que uma outra expressão – *tree species* –, que poderia ser traduzida como "espécies de árvores", corresponde em português à expressão "espécies arbóreas", utilizada convencionalmente na área das Ciências

Biológicas. Ambas as formulações – "espécies de árvores" e "espécies arbóreas" – possuem, evidentemente, o mesmo significado. Contudo, a segunda formulação parece ser a adotada convencionalmente pelos biólogos.

Para conhecer os termos e expressões empregadas de forma convencional pelos membros de uma área acadêmica específica, torna-se necessário que o tradutor utilize uma série de estratégias, dentre as quais destacamos a consulta a especialistas da área, a consulta a glossários e dicionários especializados nessa área e o exame de textos paralelos.

A primeira estratégia – a consulta a especialistas da área – é, quiçá, a mais rápida e geralmente a mais confiável, uma vez que o tradutor pode mostrar ao especialista o texto que traduz e este último, por sua vez, pode apreciar o contexto dos termos solicitados e oferecer uma tradução mais exata dos mesmos. Todavia, os especialistas nem sempre são fáceis de contatar ou têm tempo disponível para auxiliar o tradutor. Surge, assim, a necessidade de se contar com outras alternativas de auxílio.

A consulta a glossários e dicionários especializados é, certamente, uma estratégia importante quando se desconhece uma terminologia específica. No entanto, existe o problema da atualização da informação, especialmente nas áreas científicas de ponta, as quais precisam continuamente cunhar termos e expressões para nomear processos e elementos gerados pelas pesquisas. Assim, as fontes de consulta devem ser sempre recentes, nunca anteriores a uma ou duas décadas em relação ao momento atual. Problemática análoga apresentam os textos paralelos, isto é, textos pertencentes ao mesmo gênero textual e à mesma área, produzidos na língua para a qual se traduz. A consulta a esses textos é de fundamental relevância, principalmente porque permite observar, além de termos isolados, expressões, formulações típicas da área e estruturas padrões dos textos. No caso específico do artigo acadêmico que viemos discutindo até aqui, precisaríamos obter artigos acadêmicos na área da microbiologia que tratem do assunto específico do nosso texto original: a nodulação das espécies de Acácia por estirpes de rhizobios de crescimento rápido e lento.

Atividade 4

Diante do problema colocado, qual seja, a rápida mudança no discurso científico e a consequente necessidade de atualização permanente da informação, temos uma alternativa hoje essencial para o tradutor, a rede global da internet, que nos permite a consulta a bancos de dados relativamente atuais em praticamente todas as áreas do conhecimento. A internet nos oferece não só dicionários e enciclopédias on-line, como também o acesso a bancos de terminologia especializados e a artigos, resenhas e outros tipos de texto sobre a área que pesquisamos. As estratégias mencionadas operam, na realidade, de forma articulada e compensatória.

Vejamos um exemplo baseado no artigo acadêmico ao qual já fizemos referência. No texto 3.2, o título do artigo e seu resumo requerem do tradutor não familiarizado com o tema uma pesquisa terminológica.

Texto 3.2

APPLIED AND ENVIRONMENTAL MICROBIOLOGY
Jan. 1981, p. 97-99
0099-2240/81/010097-03$02.00/0 Vol. 41, No. I

NODULATION OF ACACIA SPECIES BY FAST- AND SLOW-GROWING TROPICAL STRAINS OF RHIZOBIUM

B. L. DREYFUS AND Y. R. DOMMERGUES*

Laboratoire de Alicrobiologie des Sols, ORSTOM/Centre National de la Recherche Scientifique Dahar, Senegal, West Africa

Como os termos *nodulation* e *rhizobium* não constam de dicionários comuns, sejam bilíngues ou monolíngues, precisamos consultar um especialista ou, na falta deste, um glossário especializado. Como já dissemos, grande parte dos dicionários especializados disponíveis no mercado atualmente cobrem apenas algumas áreas gerais, como administração, engenharia, biologia etc., e, na maioria das vezes, não incluem terminologia recente. A opção é, então, consultar dicionários especializados on-line na internet. Numa pesquisa rápida, encontramos alguns dicionários monolíngues de botânica e biologia. Segue uma relação deles conforme oferecida por um site específico na internet.

Biology (see also *Medicine*)
* Anatomical Dictionary of Dinosaurs
* BioTech Life Sciences On-line Dictionary
* Birdwatcher's Dictionary
* Dictionary of Cell Biology
* Dictionary of Bird Names (Multilingual)
* Dictionary of Dog Terms (Multilingual)
* English Dictionary of Biotechnology
* Oceanlink On-line Glossary of Oceanography
* Physiology On-line Dictionary
* Visionary: Dictionary for the Study of Vision

Botany
* Dictionary of Botanical Terms
* Glossary of Botanical Terms
* A Botanical Glossary

- Etymological Dictionary of Carnivorous Plants
- Ohio-State/Virginia Tech Plant Dictionary
- On-Line Glossary of Technical Terms in Plant Pathology
- Plant Encyclopedia
- Searchable World Wide Web Multilingual Plant Name Database
- Time-Life Plant Encyclopedia

O *Dictionary of Botanical Terms* nos oferece definições de *nodulation* e *rhizobium*, mas não uma versão para o português. Precisamos, agora, consultar textos paralelos, isto é, textos em português sobre o tema. Para tal, podemo-nos valer de uma outra estratégia, frequentemente utilizada pelo tradutor experiente, a qual está fundamentada numa constatação de características de produção do discurso científico. Trata-se do fato de que a comunidade científica utiliza radicais de origem grega ou latina para gerar os termos que serão adotados na área. Esses termos são frequentemente traduzidos de forma literal, mantendo-se a vinculação dos mesmos aos radicais que lhes deram origem. Assim, muitos dos termos empregados pelas diversas áreas científicas possuem um correspondente próximo nas diferentes línguas.

Podemos retirar alguns exemplos que ilustrem esse ponto de um dos dicionários multilíngues especializados disponíveis para consultas on-line na internet. Trata-se do *Multilingual Lemma Collection*, um dicionário multilíngue de termos médicos. Segundo ele, o termo técnico *infarction*, utilizado em inglês, corresponde a *infarkti* em dinamarquês, *Infarkt* em alemão, *infarto* em espanhol e em italiano e *enfarte* em português. Vemos aqui um exemplo de um conceito expresso por meio de termos semelhantes em diferentes idiomas. Referimo-nos aqui a termos técnicos empregados em cada uma dessas línguas. Como é bem sabido, o termo técnico possui, às vezes, um correspondente no uso popular. Na língua inglesa, é muito comum a existência de um termo técnico ou especializado de origem grega ou latina, sendo seu correspondente no uso popular construído a partir de palavras do uso cotidiano, muitas delas de origem anglo-saxônica. No caso de *infarction*, temos *heart attack* e para *induration*, outro termo técnico da área médica, *hardening*.

Esse fato dá-se também em outras línguas. Por exemplo, o termo técnico médico *singultus* é adotado por muitos dos idiomas ocidentais. Seu correspondente no uso popular, contudo, é muito diferente do termo especializado e parece não guardar qualquer identidade com o radical do mesmo. Vejamos alguns deles: *hiccup* em inglês, *Schluckauf* em alemão, *hipo* em espanhol, *hoquet* em francês, *hik* em holandês, *soluço* em português.

No caso dos termos *nodulation* e *rhizobium*, uma estratégia de busca e confirmação de uma possível tradução desses termos pode ser feita por meio da busca na internet de palavras-chaves criadas a partir da tradução literal dos mesmos, isto é, "nodulação" e "rhizóbio". De fato, a pesquisa por mim feita revelou a existência e uso por parte de pesquisadores brasileiros dos termos "nodulação", "nodular", "rhizobium", e "rhizobio". Uma consulta a especialistas na área confirmou esses dados. Vamos ver agora como proceder com outros termos retirados do mesmo artigo.

Atividade 5

Leia o texto 3.3 retirado do artigo "Nodulation of Acacia species by fast-and slow-growing tropical strains of rhizobium". Sublinhe as palavras que para você representam termos técnicos empregados por profissionais da área. Como você traduziria esses termos? Confirme suas hipóteses empregando alguma das estratégias de busca de subsídios externos sugeridas: consulta a dicionários ou enciclopédias, consulta a profissionais da área, consulta em bancos de dados ou textos paralelos via internet ou não.

Texto 3.3

MATERIALS AND METHODS

Plant cultivation. To obtain fast and regular germination, the seeds were pretreated and surface sterilized with concentrated sulfuric acid. The times of treatment in H_2SO_4 were as follows, in minutes: A. senegal, 14; A. bivenosa, 20; A. albida, 30; Leucaena leucocephala, 30; A. linaroides, 30; A. pyrifolia. 30: A. seyal, 30; A. tuntida, 30; A. farnesiana, 45; A. holosericea, 60- A. raddiana, 60; A. mearnsii, 120; A. nilotica var. ~eb-neb, 120; A. nilotica var. tomentosa, 120; A. sicberiana, 120.

After treatment, the seeds were washed with water until all traces of acid were removed. The seeds were germinated in sterile petri dishes of water agar and then transferred to tubes containing Jensen medium (11) or to polythene pouches containing sterilized soil. One drop of liquid Rhizobium culture, 10' cells per ml, was used for inoculation of tubes, and I ml of culture per plant was used for inoculation of pouches. Tubes were placed in a greenhouse, and pouches were incubated outside.

Bacterial growth medium. Rhizobium was grown on yeast extract-mannitol medium (11).

Total nitrogen. Plant shoots dried for 2 days at 60 C were weighed and finely ground, and total nitrogen was determined by the Kjeldahl method.

Acetylene reduction activity. The acetylene reduction activity of nodulated roots was measured by gas chromatography according to usual procedures (5).

Rhizobium strains. We isolated a large collection of tropical Rhizobium strains from different Acacia species and L. lourocephala growing in Senegal. Strains fell into two classes: fast- and slow-growing strains. Fast-growing strains had a generation time of 8 to 4 h; slow-growing strains had a generation time of 8 to 12 h. A taxonomic and cross-inoculation study to be published elsewhere (in preparation) indicated that slow-growing strains belonged to the cowpea miscellany and that fast-growing strains were distinctly different from slow-growing ones. Four fast-growing (ORS 901, ORS 902. ORS 908, and ORS 911) and four slow-growing (OHS 801, ORS 802, ORS 80:3, and ORS 806) Rhizobium strains were selected for study. ORS 901 and ORS 902 had been isolated from nodules of A. senegal; ORS 903 and ORS 803, from A. bivenosa;

> ORS 911, from A. farnesiana; ORS 801, from A. holosericea; ORS 802, from A. siberiana; and ORS 806, from L. leucocephala. The slow-growing tropical cowpea strain CB 756 and the fast-growing Leucaena strain NGR 8 were obtained from Australia.

Na realidade, podemos dizer que a internet vem progressivamente tomando o lugar dos dicionários e glossários especializados, não só porque ela abriga inúmeros dicionários desse tipo, com opções de atualização permanente, mas também porque ela própria é, de certa forma, um grande dicionário ou enciclopédia, que pesquisamos por meio de palavras-chave que operam como uma nova espécie de verbete.

O auxílio da internet não se aplica apenas a buscas de terminologia especializada, como no caso de artigos acadêmicos ou textos dirigidos a um público-alvo especialista. Ela também auxilia o tradutor em sua procura de significados de termos de uso cotidiano, porém ainda não incorporados aos dicionários disponíveis.

Atividade 6

Vejamos o exemplo contido no texto 3.4.

Texto 3.4

> **Mug Tree** – Give a wooden mug tree a new life, use it as a place for all your headbands and "scrunchies". It's a great place to hang them on and keep in the bathroom or on your bureau.

Este pequeno texto foi retirado de um conjunto de sugestões e dicas para reciclar objetos domésticos. Ele poderia ser classificado como pertencente ao gênero "manual de instruções", um gênero amplamente divulgado e conhecido por todos nós, o qual não apresenta maiores complexidades em termos de sintaxe ou organização. No entanto, por se tratar de um texto atual, relacionado com o cotidiano do seu público leitor (provavelmente o leitor americano), ele apresenta para o tradutor problemas léxicos. De fato, uma pesquisa nos dicionários bilíngues e monolíngues disponíveis mostra que não há verbetes para os termos "mug tree" e " scrunchies." Conforme nossa discussão ao longo deste capítulo, temos, então, algumas alternativas de decisões a serem tomadas para resolver esse problema detectado. Uma delas é a consulta a especialistas, que, neste caso, seriam os falantes nativos de inglês, uma vez que eles poderiam conhecer o significado desses termos usados no cotidiano. Como essa estratégia depende da possibilidade de se contatar um falante nativo, o que pode ser difícil muitas vezes, temos de pensar em outras alternativas. A análise do uso dessas palavras com base no contexto em que estão inseridas nos oferece algumas dicas. O "mug tree", segundo o texto, pode ser reciclado, mudando sua função original para passar a ser um suporte para faixas ("headbands") e "scrunchies". Sabemos, assim, que um "mug tree" é um objeto que serve de suporte e que dentre os objetos que podem ser colocados nele temos faixas e objetos semelhantes. Os componentes da expressão também podem ser analisados, para termos maiores dicas: "mug" é um caneco; "tree" é uma árvore. A combinação seria "árvore de canecos", provavelmente um suporte para canecos.

Para confirmar nossas hipóteses e obter uma ideia mais precisa do significado dessas palavras, podemos agora fazer uma consulta via internet, utilizando "mug tree" e " scrunchies" como palavras-chaves. Vejamos os resultados obtidos.

Um dos sites achados é o de uma empresa, Kiss the Cook, que anuncia um conjunto de seis canecos e um "wooden tree", que a figura 3.1 mostra ser um suporte de madeira para canecos.

Figura 3.1

Estratégias de busca de subsídios externos 53

> **Atividade 7**
>
> Passemos agora para "scrunchie". O dicionário apenas nos diz que "scrunch" é a ação de amassar um objeto, como quando pegamos um papel, o amassamos, fazemos uma bola dele e jogamos no lixo. Vamos ver, na figura 3.2, o que a internet nos oferece, quando colocamos o termo como palavra-chave.

Figura 3.2

HAIR SCRUNCHIES FOR EVENING AND SPORTS WEAR

This image shows the puffy scrunchie pattern knit in navy blue on the Passap E6000 in 2/22 acrylic, and the sports scrunchie hand knit with DK weight variegated wool.

Para você mesmo perceber a relevância da internet como fonte e meio de pesquisa para o tradutor atual, tente conseguir um computador conectado à rede e faça a atividade a seguir.

> **Atividade 8**
>
> Traduza o texto 3.5. Em caso de palavras desconhecidas, utilize algumas das estratégias de busca de subsídios externos para auxiliar sua tarefa. Lembre-se de que muitos termos do uso cotidiano não constam nos dicionários, sendo, portanto, indispensável uma busca na internet.

54 Traduzir com autonomia – estratégias para o tradutor em formação

> A que conclusões você chegou? Se estiver trabalhando em grupo, juntamente com seu professor, compare seus comentários com os de seus colegas. Caso esteja trabalhando de forma autônoma, procure, se possível, um outro leitor para discutir seus comentários com ele.

Texto 3.5

RECYCLING IDEAS

Contact Lens Containers – Use these and the extra storage containers that come in the saline kits to store craft paint. This is handy when you need to mix a color and then need a dab to touch up after you have thrown out the mixed color.

Juice Can Lids – Use metal lids of frozen juice cans (the kind with the peel-off plastic strip that have non-sharp, rounded edges). After rinsing and drying, you can make:

• *Matching-Lids – Stick colorful stickers on the lids and then play a game of matching all the pairs.*
• *Pretend Money*
• *Cargo for the back of a toy dump truck.*
• *Hide and Seek Tokens – Put stickers on them and hide them around the house.*
• *Prize token for good behavior or special occasions.*
• *Frame – Glue a picture on them, add lace around the edges and stick a magnet to the back!*
• *Coasters – Decorate and glue felt to the tops and bottoms.*

Liquid Laundry Soaps Caps – *Save these and wash thoroughly. Here are some possible uses:*
• *Starter "pots" for seedlings.*
• *Candle Holders with the candle attached with some clay.*
• *Holders for crayons or paint brushes.*
• *Pots to mix powdered paint.*
• *Scoops for the beach.*
• *Glue pieces of foam meat trays cut into shapes to the top/closed end of the lids to make "rubber stamps."*
• *The lids make stacking toys, doll furniture. Stands to display small treasures.*
• *Holders for rocks, shells, or whatever else kids collect.*

Empty M&M Mini-Candy Tube – To hold crayons. It will hold seven standard size crayons.

Além dos procedimentos de busca apontados, temos, na atualidade, uma série de outros recursos que auxiliam a tarefa do tradutor. Estes constituem, na realidade, aplicações da tecnologia da informática à tarefa tradutória. Estão disponíveis, por exemplo, diversos softwares gerenciadores de terminologia, que podem ser utilizados em trabalhos de grupos de grande porte, como é o caso de compartilhamento em rede por múltiplos usuários de uma empresa, ou individualmente pelo tradutor dito *free-lancer*. Trata-se de programas que armazenam e disponibilizam glossários terminológicos que vão sendo construídos pelo próprio tradutor ao mesmo tempo que traduz. Existem, também, softwares para tradução automática, os quais transpõem um texto automaticamente para uma língua estrangeira. Apesar de estes oferecerem, muitas vezes, traduções excessivamente literais e com problemas de interpretação, vêm sendo muito utilizados por profissionais que precisam ler rapidamente textos na sua área de atuação. O conhecimento da área permite que esses usuários resolvam os problemas criados pelo software e consigam compreender o texto em questão.

Temos, ainda, outros recursos computacionais de assistência à tarefa do tradutor. Trata-se de ferramentas que permitem o armazenamento da "memória do tradutor", isto é, o arquivamento do trabalho do tradutor, das resoluções que este dá aos diversos problemas que vai enfrentando durante sua prática, para que essas soluções achadas possam ser recuperadas automaticamente quando o tradutor se deparar com problemas análogos. Esses recursos vêm sendo agrupados sob o nome de *Machine Assisted Human Translation* ou *Translator's Workbench*.

Em relação a questões terminológicas, a internet abriga inúmeros bancos de dados terminológicos, muitos deles organizados por instituições acadêmicas de áreas científicas especializadas. Alguns desses bancos são de acesso livre e gratuito, sendo que outros requerem a afiliação do usuário a uma sociedade ou grupo de pesquisa e implicam o pagamento de uma taxa para consulta aos bancos de dados.

Conclusão

Ao longo deste capítulo, procuramos mostrar a necessidade de se recorrer a formas de auxílio externo para realizar uma tradução adequada e bem-sucedida. Vimos, assim, algumas estratégias de busca de subsídios externos que auxiliam a tarefa do tradutor. A consulta a textos paralelos, a utilização de dicionários, o recurso a especialistas, o uso da internet como grande banco de informações e a utilização de recursos computadorizados são algumas das ações que o tradutor pode efetuar quando se depara com um problema de tradução para o qual não encontra resolução rápida e acertada. No capítulo seguinte, vamos focalizar as estratégias de apoio interno das quais o tradutor pode lançar mão. Trata-se de estratégias baseadas no conhecimento de mundo e na bagagem cultural do tradutor, que lhe permite interpretar novas informações graças a inferências e associações passíveis de serem realizadas a partir de seu conhecimento prévio.

As estratégias de busca de subsídios externos trabalhadas neste capítulo são complementadas pelas estratégias de busca de subsídios internos, no capítulo 4, bem como pelos outros tipos de estratégias que apresentaremos nos capítulos 5 e 6: as estratégias de análise macro e microlinguística.

Leituras complementares

Ainda são escassos os materiais de leitura que abordam especificamente estratégias de busca de subsídio externos para a tradução. Muitos dos materiais informativos estão disponíveis na internet, em endereços de firmas que comercializam recursos computacionais aplicados à tradução ou de instituições acadêmicas que divulgam o seus resultados de pesquisa na área. Sugerimos, portanto, que você explore as possibilidades existentes na internet. Achamos por bem não fornecer aqui endereços específicos, uma vez que o fluxo de informação na rede global é muito rápido e os sites e seus conteúdos mudam frequentemente ou são substituídos por outros mais atualizados.

Uma abordagem dos problemas enfrentados por aprendizes de línguas estrangeiras e tradutores, centrado em aspectos lexicais, é oferecida por Gunilla Anderman e Margaret Rogers em seu livro *Words, words, words; the translator and the language learner*. (Clevedon: Multilingal Matters, 1996). Embora um pouco desatualizado, pelo decorrer do tempo entre a publicação do livro e o momento atual, o capítulo "Beyond the dictionary: the translator, the L2 learner and the computer" apresenta um panorama sintético de algumas das aplicações da informática às áreas de linguística aplicada ao ensino/aprendizagem de línguas estrangeiras e aos estudos da tradução.

Quanto a outras fontes de informação, como, por exemplo, dicionários, recomendamos aqueles citados ao longo deste capítulo, cujos dados reproduzimos a seguir.

COLLINS COBUILD ENGLISH LANGUAGE DICTIONARY. London & Glasgow: Collins, 1990.

LONGMAN DICTIONARY OF CONTEMPORARY ENGLISH. Harlow: Longman, 1986.

LONGMAN DICTIONARY OF ENGLISH LANGUAGE AND CULTURE. Harlow: Longman, 1992.

MICHAELIS DICIONÁRIO ILUSTRADO. 61. ed. São Paulo: Melhoramentos, v. 1. Inglês-Português; v. 2. Português-Inglês, 1998.

OXFORD ADVANCED LEARNER'S ENCYCLOPEDIC DICTIONARY. Oxford: Oxford University Press, 1993.

THE AMERICAN HERITAGE DICTIONARY. New York: Dell Publishing, 1994.

THE NEW LEXICON WEBSTER'S ENCYCLOPEDIC DICTIONARY OF THE ENGLISH LANGUAGE. New York: Lexicon, 1991.

4
Estratégias de busca de subsídios internos
memória e mecanismos inferenciais

Fábio Alves

Objetivos

Neste capítulo, vamos abordar os seguintes aspectos:
- O papel da memória para o exercício da tradução;
- As noções de memória de curto e longo prazo;
- As associações feitas ao longo de uma tradução;
- O papel dos mecanismos inferenciais no decorrer do processo tradutório.

Considerações teóricas

Entre as estratégias cognitivas que utilizamos para traduzir existem algumas que podem nos servir de apoio interno ao longo do processo tradutório. Este apoio interno se dá, sobretudo, por meio do nosso conhecimento de mundo, que abrange nossos conhecimentos enciclopédicos, incluindo-se nele toda nossa bagagem cultural, e o conhecimento procedimental que nos ensina como utilizar o que já conhecemos. Chamaremos a somatória desses tipos diferenciados de conhecimento de conhecimento de mundo. Ele constitui o que poderíamos também chamar de pré-texto, ou seja, o ponto de onde partimos – com as informações de que já dispomos – para processar informações novas que recebemos. A capacidade de nos lembrarmos dos fatos que já aprendemos, juntamente com a capacidade de estabelecer inter-relações entre eles, ou seja, a capacidade de produzir inferências, são os dois pontos principais de apoio interno de que dispomos. Vamos examiná-los em detalhe no decorrer deste capítulo.

Atividade 1

Leia o texto 4.1 e procure contrastá-lo com conhecimentos de mundo que você detém:

Texto 4.1

INDIA UPDATE
The Jhanata Party has won the latest national polls and will be the most powerful force in the new Lokh Sabah. U.P. Singh, the party spokesperson, has emphasized that grassroots politics will now be confronted with the concepts of Hindu fundamentalism.

O texto em inglês é bastante simples. Trata-se de um texto jornalístico e as estruturas nele contidas são de uso corrente. É fácil perceber que o texto trata de eleições na Índia e de suas prováveis consequências. Contudo, existem no texto menções a certas coisas que não fazem parte do nosso dia a dia e que nos são, provavelmente, desconhecidas. Quais são elas?

Releia este texto e responda à pergunta:

(1) Quais foram as partes que você não conseguiu trabalhar sozinho e para as quais foi buscar apoio externo?

No capítulo 3, tratamos das estratégias de busca de subsídios externos ao texto. As partes do texto que se encaixaram em sua resposta a esta pergunta referem-se aos aspectos que já abordamos anteriormente e às estratégias de apoio externo que recomendamos a você.

Reflita, agora, a respeito das perguntas:

(2) Quais foram as informações que você recuperou rapidamente?

(3) Quais foram as partes para as quais você levou algum tempo para relembrar-se do que já sabia?

(4) Quais as informações que você processou por meio de associações e inferências?

Neste capítulo, vamos tentar fornecer indicadores para respondê-las. Vamos trabalhar inicialmente com o apoio interno da recuperação de memória. Com base em nossa experiência de vida, constatamos que nos lembramos mais facilmente de certas coisas em detrimento de outras. Às vezes, nossa memória pode se parecer com um grande arquivo ou um armário cheio de gavetas onde guardamos as informações que apreendemos. Contudo, neste capítulo queremos desfazer a metáfora da memória como sendo um armário cheio de gavetas ou um arquivo cheio de fichas e trabalhar a noção de memória de uma forma completamente diferente. Vejamos, então, o que entendemos por memória.

Examinando como funciona nossa memória, Mary Potter nos diz que na maior parte do tempo não estamos conscientes da importância do papel desempenhado pela memória nas atividades mais corriqueiras do nosso dia a dia. Mesmo as tarefas mais simples requerem a recuperação de dados armazenados em nossa memória, seja lembrando que a manteiga está na geladeira, seja que a fórmula do cálculo de energia cinética é $1/2mv^2$. Para Potter, é necessário examinar a memória humana analisando suas três principais características, ou seja, a capacidade de armazenar informações, a capacidade de recuperar informações armazenadas e a capacidade de esquecê-las.

A primeira dessas características – o armazenamento de informações – ocorre com o registro dessas informações no sistema de memória do ser humano. A princípio, pode parecer que o melhor tipo de memória seria aquela fotográfica, isto é, com o indivíduo fotografando mentalmente as informações que deseja armazenar. Contudo, vários experimentos de base cognitiva vêm demonstrando que isto não procede. Esses experimentos comprovam que o melhor modo de registrarmos informações na memória é por meio de associações. Segundo Potter, essas associações podem ser feitas utilizando dois princípios básicos: *contiguidade* e *frequência*.

Pense em um evento marcante em sua vida. Tente relembrar-se dos detalhes relativos a esse fato. Talvez você consiga se lembrar dos acontecimentos com grande riqueza de detalhes. Quando isto ocorre, podemos dizer que o princípio de contiguidade foi o fator norteador do registro de informações na memória associando vários outros eventos a um mesmo fato.

Pense, agora, em um fato repetitivo em sua vida. Pode ser algo bom ou ruim. O importante é constatarmos a atuação de um segundo princípio para o registro de memória: a frequência. É óbvio que quanto mais vezes repetimos algo, mais fácil fica a recuperação desses dados. É como se, metaforicamente, conhecêssemos muito bem o caminho que percorremos.

Temos, assim, as duas principais possibilidades de registrarmos informações em nossa memória: o inter-relacionamento de fatos, ou seja, por contiguidade, e a repetição e a intensidade com que registramos essas informações, ou seja, sua frequência.

Contudo, ainda segundo Potter, os princípios de contiguidade e frequência só conseguem ser realmente eficientes mediante redes associativas que gerenciam a capacidade de recuperação de memória por intermédio de uma série de núcleos de conteúdo e as diversas ligações associativas possíveis entre eles. Essas ligações são estabelecidas com uma rede múltipla que interliga as diversas informações que registramos na memória.

Configura-se, assim, a segunda principal característica da memória humana, ou seja, a capacidade de recuperar informações já armazenadas. É comum percebermos que certas pessoas se lembram mais facilmente das coisas que outras. A resposta para este fato, segundo Potter, está na capacidade dessas pessoas de elaborar redes associativas mais complexas e conseguirem, portanto, recuperar uma maior quantidade de informações.

60 Traduzir com autonomia – estratégias para o tradutor em formação

Além disso, Potter nos diz que existem duas fases diferentes da memória: *a memória de curto prazo e a memória de longo prazo*. A memória de curto prazo é composta por três tipos de memória: (1) memória visual; (2) memória conceitual de curto prazo; e (3) memória verbal de curto prazo. A memória visual é responsável pela recuperação visual e dura menos que meio segundo. A memória conceitual de curto prazo diz respeito à compreensão e ao pensamento e também dura menos de meio segundo. Finalmente, a memória verbal de curto prazo auxilia a compreensão da linguagem e dura aproximadamente dois segundos, desaparecendo completamente após trinta segundos.

Por outro lado, a memória de longo prazo é uma forma estável de codificação de informações que nos permite sua recuperação consciente por intermédio das redes associativas mencionadas anteriormente.

Finalmente, não podemos deixar de mencionar o esquecimento como o terceiro dos principais mecanismos constituintes da memória. Uma vez que nossa capacidade de processar informações registradas na memória e recuperá-las em um novo contexto é limitada, o esquecimento é o componente responsável pela maleabilidade do sistema de memória ao permitir que as interligações dentro do sistema sejam refeitas continuamente. Observamos, portanto, que a memória é um sistema extremamente flexível e dinâmico. No decorrer deste capítulo faremos exercícios com o intuito de ressaltar estas características a fim de conscientizá-lo das peculiaridades relativas ao funcionamento da memória.

Atividade 2

Para começar a compreender como queremos trabalhar, leia o cardápio apresentado:

Texto 4.2

RESTAURANTE JERIMUM
Macacos
MENU FIXO PARA O DIA 9.9.99
(escolha uma alternativa para cada item)

Entradas
Sopa Jerimum
Sopa Galinha Verde

Pratos Principais
(acompanha Arroz Selvagem e Salada Jerimum)
Linguado ao molho de morangos

Sobremesas
Banana Jerimum
Mousse de chocolate

Preço individual R$ 15,00
Bebidas à parte

Quando vamos a um restaurante pela primeira vez e lemos um cardápio, processamos, ao mesmo tempo, informações conhecidas e desconhecidas. Existem itens no cardápio acima que compreendemos imediatamente; outros necessitam de uma maior atenção e reflexão. Para outros precisamos fazer associações e tentar compreendê-los por meio de inferências sobre coisas que já conhecemos. Muitas vezes, porém, temos de chamar o garçom e consultá-lo a respeito do cardápio.

Você reconhece aqui características relativas às observações que fizemos antes sobre a memória?

Entre os diferentes tipos de estratégias e processos que você utilizou para processar e compreender os itens do cardápio, gostaríamos de destacar três: memória de curto prazo, memória de longo prazo e associações por meio de mecanismos inferenciais. Vamos examinar cada um deles separadamente.

Memória de curto prazo

Como vimos anteriormente, chamamos de memória de curto prazo o tipo de memória que processamos quase instantaneamente. Seguramente, você não terá dificuldades em traduzir para o português as palavras *house*, *car* e *dog*. Diríamos que este tipo de memória está sempre disponível, seu acesso e processamento são tão rápidos que ocorrem de forma inconsciente. Contudo, a rapidez da memória de curto prazo e os automatismos que advêm dela podem ser perigosos para o tradutor. Sabemos que a tradução é uma tarefa que requer reflexão consciente. O perigo reside em não estarmos atentos para esses automatismos e deixarmos escapar nuanças presentes no texto de partida sem transpô-las para o texto de chegada. Examinaremos outros exemplos desse tipo no capítulo 7.

Atividade 3

Tente, agora, traduzir as sentenças a seguir, considerando-as como incluídas no contexto cultural vigente na Grã-Bretanha:

(1) I live in a house.

(2) I live in a flat.

(3) I live in a bungalow.

(4) I live in a bedsit.

(5) I live in a loft.

A tradução da primeira sentença parece ser fácil? E a das demais sentenças? Se você traduziu automaticamente as cinco sentenças respectivamente como:

(1a) Eu moro em uma casa.
(2a) Eu moro em um apartamento.
(3a) Eu moro em um bangalô.
(4a) Eu moro em uma quitinete.
(5a) Eu moro em um sótão.

caiu provavelmente nas armadilhas que traduções feitas automaticamente com o apoio exclusivo da memória de curto prazo podem gerar.

Você sabia que, no inglês britânico, *house* expressa necessariamente uma construção de dois andares? Sabia que um *flat* pode ser um dos andares, ou parte, de uma casa grande que foi transformada em residência multifamiliar? Sabia que *bungalow* quer dizer necessariamente uma construção de um único andar? Sabia que não existe um correspondente para *bedsit* – um quarto com cozinha mas com banheiro coletivo do lado de fora – em português? Finalmente, sabia que *loft* quer dizer uma residência com um grande vão único sem divisões internas e considerado como um tipo de moradia para pessoas de gosto sofisticado e alternativo?

Como os exemplos demonstraram, os automatismos podem ser perigosos. A velocidade de recuperação de informações por meio da memória de curto prazo fica limitada às características da arquitetura cognitiva deste tipo de memória. Por isso, o tradutor deve preferir contar com o apoio de um outro tipo de memória: a memória de longo prazo.

Memória de longo prazo

Como vimos anteriormente, a memória de longo prazo é aquela que permite ao indivíduo estabelecer uma forma estável de codificação de informações que possibilita sua recuperação consciente por meio das redes associativas. O tipo de apoio interno que é precioso para o tradutor advém exatamente da memória de longo prazo.

Neste livro, a memória é vista como o resultado de uma cadeia de interações; a elaboração de mapas conceituais mentais pode aumentar nossa capacidade de retenção e recuperação de memória. Se operamos com mapas conceituais, nossos acessos a um determinado componente de nossa memória pode ser estabelecido de forma múltipla, ou seja, temos várias possibilidades de acesso a esta rede de inter-relações a fim de recuperarmos uma informação previamente armazenada.

Vamos ilustrar essas redes com o mapa conceitual apresentado:

Figura 4.1

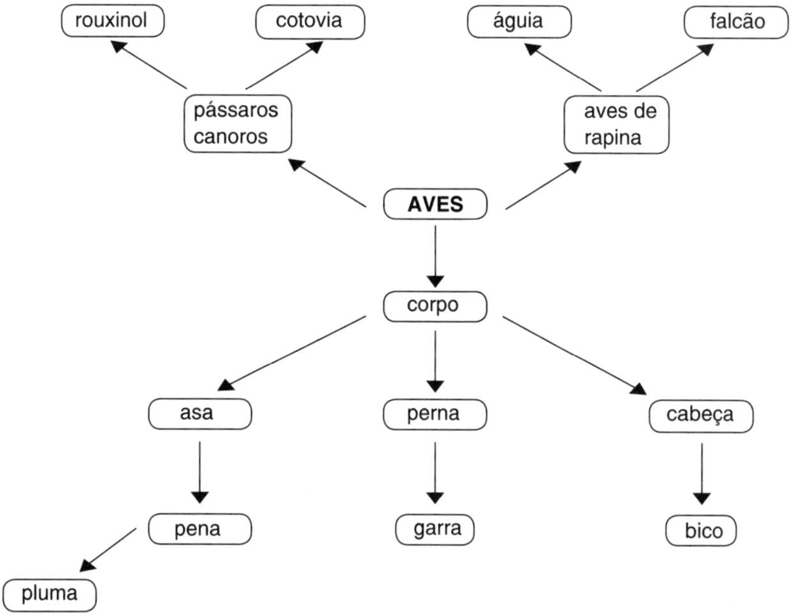

```
  rouxinol      cotovia           águia        falcão
      ↘          ↙                   ↘          ↙
      pássaros                       aves de
      canoros                        rapina
            ↘                       ↙
                    AVES
                      ↓
                    corpo
            ↙         ↓         ↘
         asa        perna       cabeça
          ↓           ↓            ↓
         pena        garra        bico
          ↓
        pluma
```

Preste bastante atenção às cadeias de inter-relações vislumbradas neste mapa em português. A seguir, faça o exercício.

Atividade 4

Tente, agora (veja a figura 4.2), elaborar em inglês um mapa conceitual como o que fizemos para AVES em português. Use uma folha à parte e limite-se a utilizar os conhecimentos que você consegue recuperar de sua memória. Não recorra a apoio externo. Se sentir que não conseguirá trabalhar sem esse tipo de apoio para alguns dos itens que listamos, não desanime. Procure confiar um pouco mais nos conhecimentos que você detém. Elabore um mapa conceitual alternativo associando à palavra BIRDS outras informações paralelas de que você dispõe em sua memória.

Figura 4.2

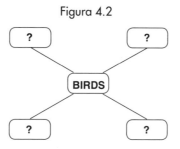

64 Traduzir com autonomia – estratégias para o tradutor em formação

---

Atividade 5

Vamos, agora (veja a figura 4.3), tentar elaborar um mapa conceitual para tipos de construções diferenciados segundo seu tamanho, função e ocupação. Esta é uma tarefa que tem o objetivo de esclarecer como você organiza dados em sua memória. Começando por *house*, elabore um mapa conceitual com as seguintes palavras em inglês estabelecendo as associações possíveis entre elas: *office block, manor, tower*, B & B, *loft, room, basement, flat, castle, house, hotel, attic, bungalow, mansion, bedsit, dwelling, country house, high rise, church, shop*. Não se preocupe se você não conseguir usar todos esses substantivos somente com apoio interno. Não desanime. Confie em sua capacidade de estabelecer redes associativas por meio de sua memória de longo prazo e elabore uma rede alternativa. Você pode acrescentar itens novos e suprimir aqueles que você desconheça. O mais importante é testar sua memória e percebê-la como o resultado de uma rede de associações interativas.

Figura 4.3

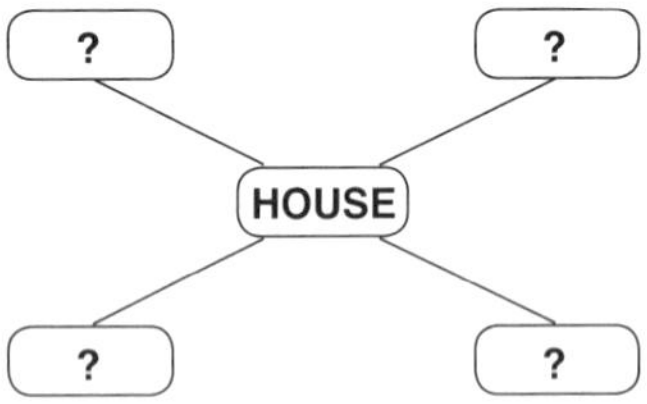

Qual foi o resultado a que você chegou?

Se estiver trabalhando em grupo, juntamente com o seu professor, compare o seu mapa conceitual com o de seus colegas. Caso esteja trabalhando de forma autônoma, procure, se possível, um outro leitor para discutir seu mapa com ele.

Com base nas atividades desenvolvidas, você pode perceber que quanto maior o número de associações que conseguimos estabelecer, maior será a nossa capacidade de recuperação de memória. Para a tradução, isto implica um maior número de alternativas de caráter semântico a serem disponibilizadas no decorrer do processo tradutório. Contudo, qual será a amplitude do apoio interno oferecido pela memória? Vamos examinar esta questão com uma nova atividade.

Atividade 6

Faremos, agora, um exercício um pouco mais complexo. Elabore um mapa conceitual a partir dos adjetivos que listamos a seguir (veja a figura 4.4) relacionando-os hierarquicamente ao substantivo house: *large, beautiful, spacious, detached, posh, small, cozy, interesting, lovely, strange, ugly, huge, funny, red* e *country*.

Figura 4.4

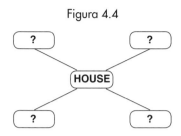

Como você se sentiu com relação a esta tarefa?
Não se surpreenda se a considerou mais difícil. É muito natural! Afinal, os adjetivos operam junto aos substantivos com a função de qualificá-los e modificá-los. A tarefa fica ainda mais difícil quando procuramos classificá-los pragmaticamente. Para uma tradução, contudo, essas relações são de extrema importância. Constatamos, assim, que a memória sozinha não nos é suficiente. O trabalho iniciado pela nossa memória pode ser complementado com outro tipo de mecanismo cognitivo que utilizamos a todo momento do nosso dia a dia, ou seja, nossa capacidade de produzir e processar inferências. É exatamente este o tópico que abordaremos a seguir.

Mecanismos inferenciais

A atividade 6 que você acabou de fazer provavelmente mostrou-lhe que certos tipos de informação dependem de um maior grau de inter-relações textuais para que possam ser processadas. Além da nossa memória, contamos com um outro mecanismo de apoio interno que nos direciona em questões nas quais as informações não se encontram disponíveis de forma direta. Trata-se, como mencionamos anteriormente, de inferências. Inferir é basicamente obter informações indiretamente. Inferências são, portanto, um tipo de operação mental que utilizamos para compreender informações de forma indireta.
Os teóricos que abordam este assunto dizem que existem dois tipos básicos de inferências: as inferências de caráter local e aquelas de caráter global. Provavelmente você vai se perguntar: o que isto quer dizer?

Atividade 7

Para esclarecer esta questão, analise a interação abaixo:

(1) *Have you seen Peter?*

(2) *He has gone home.*

Conseguimos recuperar coesivamente na sentença (2), por meio do pronome pessoal de terceira pessoa do singular, a informação de que Peter e *he* correspondem à mesma pessoa. Concluímos, portanto, que Peter foi para casa. Trata-se de um exemplo muito simples que para alguns nem mesmo poderia ser chamado de inferência dada à sua natureza quase direta. Acreditamos, porém, que exista entre estas duas sentenças alguma relação indireta, por menor que seja. A sentença (2), sozinha, não nos permitiria concluir que foi Peter quem foi para casa. Chamaremos este tipo de processo de inferências locais uma vez que seu caráter coesivo se verifica no nível da sentença e as informações a elas vinculadas podem ser recuperadas com base no raciocínio dedutivo.

Atividade 8

Procure, agora, analisar a ligação entre os elementos coesivos das sentenças abaixo:

(3) *Winds which were blowing at gale force had a devastating power.*

(4) *Winds were blowing at gale force which had a devastating power.*

(5) *Winds were blowing at gale force, the likes of which had a devastating power.*

Quais foram as ligações que você conseguiu estabelecer? Como os elementos da sentença (3) se inter-relacionam coesivamente? E os elementos das sentenças (4) e (5)? Você diria que é possível resolver estas relações apenas de forma dedutiva?

Diane Blakemore menciona em seu livro *Understanding utterances* que este tipo de informação recuperada indiretamente de forma dedutiva é chamado de explicatura e tem seu significado restrito ao enunciado feito. Muitas vezes, porém, nos deparamos com enunciados cuja compreensão depende muito mais do nosso conhecimento de mundo que de operações lógicas. São situações que dependem dos conhecimentos prévios e crenças que utilizamos como base cognitiva para processarmos informações. Nestes casos, os processos inferenciais são mais complexos, situando-se além dos limites impostos pelo raciocínio dedutivo. Apresentam soluções que dependem muito mais das relações de coerência textual que das relações coesivas. Nos capítulos 5 e 6 estaremos examinando com mais detalhes casos de coesão e coerência e suas aplicações a situações de tradução. Neste momento queremos apenas familiarizá-lo com este tipo de estratégia cognitiva que você terá oportunidade de praticar mais à frente.

Atividade 9

Vejamos, então, um exemplo decorrente da situação retratada em (6), a seguir, e complementada pelos fatos mencionados em (6a) e (6b).

Estratégias de busca de subsídios internos **67**

(6) It is a fact that people who write long articles won't be accepted to participate in the Conference X.

(6a) Peter knows that John has written a long article.

(6b) Mary doesn't know that John has written a long article.

Suponha, então, que um outro falante faça a seguinte afirmação:

(7) John's paper hasn't been accepted for the Conference X.

Peter, em (6a) conhece o fato (6) e pode deduzir que o artigo de John não foi aceito por ser longo demais. Por outro lado, Mary, em (6b), desconhece o fato explicitado em (6) e não tem como estabelecer as ligações necessárias para compreender as razões que levaram ao enunciado (7). Temos aqui um exemplo de como as informações prévias determinam as possibilidades de compreensão – e no nosso caso, de tradução – de um enunciado. Vejamos, agora, como você processa e compreende este tipo de informação.

Atividade 10

Recupere as informações contidas na sentença a seguir e traduza para o português:

(8) It was only half-past eight, but the month was April in Upper Burma, and the air seemed to announce an extremely hot day.

A princípio a sentença não deveria apresentar problemas de tradução já que sua estrutura é bastante simples. Contudo, talvez haja nela um problema cuja solução não é assim tão fácil. Responda as perguntas a seguir:

• Como você traduziu *but* na sentença (8)?

• Qual a inter-relação existente entre *but* e *and*?

Apesar de tanto *but* quanto *and* terem um caráter eminentemente coesivo, diríamos que este não é o único papel que desempenham em (8). Quanto mais distantes as informações a serem processadas estiverem do nosso contexto, mais difícil será sua recuperação. No caso da tradução, esta afirmação fica ainda mais nítida já que as confusões, os enganos e até mesmo os erros podem, na maioria das vezes, ser atribuídos à dificuldade de estabelecer relações coerentes entre o texto a ser traduzido e nosso conhecimento de mundo. Para o tradutor o contexto se modifica a cada contato com um novo texto de partida. A cada novo contato, o tradutor precisa reorganizar as inter-relações que estabelece entre seus conhecimentos prévios e as informações veiculadas pelo texto de partida.

Na sentença (8), você havia percebido:

a) Que a palavra *but* está diretamente relacionada a Upper Burma?

b) Que abril é o mês do ano mais quente na Birmânia?

c) Que a palavra *and* incorpora a mensagem veiculada por *but*?

Constatamos que para solucionarmos a compreensão da sentença (8) e poder, a seguir, traduzi-la para o português, precisamos utilizar inferências que não têm apenas um caráter dedutivo. A recuperação do significado só é possível se incorporarmos nosso conhecimento de mundo ao nosso raciocínio dedutivo e concluirmos, indiretamente, o significado da sentença (8). Acreditamos que, a partir dos exemplos dados, é possível demonstrar que os processos inferenciais, sejam locais sejam globais, têm início com base em uma etapa dedutiva. Contudo, quanto mais dissonantes são as condições de verdade de uma sentença ou enunciado, quanto mais se distanciam do nosso conhecimento de mundo, mais subjetivas são as relações que estabelecemos entre as informações novas e aquelas que já detemos. Vejamos, agora, um exemplo prático.

Atividade 11

Leia com atenção:

Texto 4.3

Unless one is wealthy there is no use in being a charming fellow. Romance is the privilege of the rich, not the profession of the unemployed. The poor should be practical and prosaic. It is better to have a permanent income than to be fascinating. These are the great truths of modern life which Hughie Erskine never realized. Poor Hughie!

Oscar Wilde: *The model millionaire: a note of admiration*, primeiro parágrafo.

Queremos examinar aqui o papel do raciocínio dedutivo e indutivo na produção de inferências. Procure identificar os elementos coesivos presentes no texto de Oscar Wilde. Tente também enumerar os elementos que criam aspectos de coerência textual neste parágrafo. Vimos que podemos produzir inferências a partir de deduções e direcioná-las, em certos casos, para um campo que vai além delas.

- Quais foram as informações que você recuperou dedutivamente, ou seja, por meio de uma análise da estrutura lógica do texto?
- Quais foram as informações recuperadas de forma indireta, ou seja, pela associação com outras informações que você detinha?

Responda também às perguntas:

> - De que forma Oscar Wilde organiza suas ideias no parágrafo acima?
> - A que conclusão Wilde deseja direcionar o leitor?
> - De que forma você recuperou as ideias expressas no texto?
> - Qual o sentido de "poor" na expressão "Poor Hughie!" encerrando o parágrafo?
>
> Finalmente, traduza o texto para o português e procure identificar nas duas versões, inglês e português, as mesmas relações de coesão e coerência. Este é apenas um exercício preliminar. Vamos examinar com mais detalhes essas relações de coesão e coerência ao abordarmos as estratégias de análise macrotextual no capítulo 5.

Se estiver trabalhando em grupo, juntamente com o seu professor, compare seus comentários com os de seus colegas. Caso esteja trabalhando de forma autônoma, procure, se possível, um outro leitor para discutir seus comentários com ele. Vamos, agora, fazer um último exercício.

> **Atividade 12**
>
> Leia com bastante atenção:

Texto 4.4

He sat, in defiance of municipal orders, astride the gun Zam-Zammah on her brick platform opposite the old Ajaib-Gher – the Wonder House, as the natives call the Lahore Museum. Who hold Zam-Zammah, that 'fire-breathing dragon', hold the Punjab; for the great green-bronze piece is always first of the conqueror's loot.

Rudyard Kipling: *Kim*, primeiro parágrafo da obra

> Após a leitura, responda às seguintes perguntas:
> - Quais foram as informações que você recuperou dedutivamente, ou seja, por meio de uma análise da estrutura lógica do texto?
> - Quais foram as informações recuperadas de forma indireta, ou seja, pela associação com outras informações que você detinha?

Esperamos que você esteja, agora, mais consciente do tipo de apoio interno que você pode utilizar para traduzir. Para concluir, se desejar, traduza o texto anterior.

Conclusão

Chegamos ao final do capítulo. Nele tratamos prioritariamente sobre a forma como organizamos informações em nosso sistema cognitivo. Vimos que, por meio da memória e da produção de inferências, podemos estabelecer mecanismos de apoio interno a fim de processarmos informações de forma mais eficiente. Sabemos que a tradução é uma tarefa que decorre principalmente do bom gerenciamento de informações, inicialmente compreendidas e posteriormente reproduzidas, usando-se para tanto um mecanismo de transferência linguística. Portanto, um apoio interno bem estruturado é um pré-requisito muito importante dentre as habilidades esperadas de um bom tradutor. Nosso objetivo neste capítulo foi conscientizá-lo do papel importante que estas habilidades desempenham no decorrer do processo tradutório. Voltaremos novamente a discuti-las no final deste livro.

Leituras complementares

Caso você queira se aprofundar um pouco mais nas questões teóricas relativas ao Apoio Interno, recomendamos uma leitura cuidadosa dos livros e artigos:

ALVES, F. Tradução e conscientização: por uma abordagem psicolinguística com enfoque processual na formação de tradutores. *Revista Intercâmbio*, v. 6, p. 674-689, 1997.

BLAKEMORE, D. *Understanding utterances: an introduction to pragmatics*. London: Blackwell, 1992.

OSHERSON, D., SMITH, E. *An invitation to Cognitive Science: thinking*, v. 3. Massachusetts: MIT Press, 1990.

POTTER, M. Remembering. In: OSHERSON, D. et al., op. cit., cap. 1, p. 3-31.

5

Estratégias de análise macrotextual
gênero, texto e contexto

Célia Magalhães

Objetivos

Neste capítulo, vamos abordar os seguintes aspectos:
- O uso da estratégia de análise macrotextual, com base nas unidades de tradução **gênero** e **padrões retóricos**;
- O uso da estratégia de análise microtextual para distinguir traços gramaticais e lexicais pertinentes aos gêneros e padrões retóricos específicos;
- A identificação de **elementos coesivos** do texto para buscar a sua **coerência**;
- O estabelecimento de relações que estão apenas implícitas no texto através da **contextualização**.

Considerações teóricas

Dividiremos as nossas considerações teóricas em duas seções: na primeira, discutiremos as noções de **gênero** e **padrões retóricos** e a sua relação com traços gramaticais e escolhas lexicais específicas; na segunda, abordaremos a questão da **contextualização** em dois níveis – num nível textual, em que se inserem as noções de **coesão** e do **cotexto** e num nível mais abrangente, em que o texto se insere no **contexto da situação**. Em cada seção, as considerações teóricas são complementadas com exercícios aplicativos.

Gênero textual e padrões retóricos

Em sua indagação do processamento de informação visando sua aplicação computadorizada, uma das contribuições do campo da inteligência artificial aos estudos sobre o processo de leitura – componente crucial no processo de tradução – foi a definição de alguns procedimentos adotados pelo leitor ao ler um texto. No procedimento, ou estratégia de análise macrotextual, como preferimos chamá-lo, o leitor traz seu conhecimento prévio de mundo para ajudá-lo a processar cada parte do texto e fazer hipóteses sobre o seu provável desenvolvimento subsequente.

Na estratégia de análise microtextual (que será tratada extensivamente em capítulo posterior), ao contrário, o leitor analisa de perto os itens do texto, decodificando-os nos níveis lexical e sintático para construir gradualmente um significado global para o texto. Estamos propondo como estratégia de tradução neste capítulo a análise macrotextual de unidades de tradução como **gêneros** e **padrões retóricos**.

Gêneros são "formas convencionais de textos" que refletem as funções e os objetivos de eventos sociais determinados bem como os propósitos dos participantes desses eventos. Assim, constituem gêneros textuais específicos um sermão feito pelo padre na igreja, um artigo científico publicado em periódico reconhecido da área, uma reportagem científica publicada na seção de ciência de jornal de circulação diária, uma interação entre o médico e seu paciente etc. Esses gêneros farão uso de padrões retóricos convencionais, refletindo a expectativa da comunidade usuária, além de representar as funções e objetivos dos gêneros como eventos sociais.

Os **padrões retóricos**, por sua vez, são quadros conceituais que permitem classificar os textos quanto às intenções comunicativas que servem a um propósito retórico global. Alguns autores, com Hatim e Mason (1992) reconhecem três tipos principais de padrões retóricos, como o expositivo, o argumentativo e o instrucional, que podem ter como componentes outros subtipos de padrões retóricos como a narrativa, a descrição etc. O teórico da análise do discurso, Michael Hoey (1983), aponta para um padrão retórico que pode estar presente em diversos gêneros textuais, como o artigo científico, ou a reportagem de notícias científicas em jornais: o de situação/problema/solução. Assim, para atingir o objetivo da argumentação, o autor pode usar vários subtipos de padrões retóricos: ele pode fazer uma narrativa, apresentando os fatos numa sequência temporal ou lógica, pode descrever esses fatos etc. Cada texto sempre terá um foco contextual dominante, e, portanto, um padrão retórico básico que se repete, mas como a hibridização e a intertextualidade fazem parte da natureza dos textos, ele poderá conter padrões retóricos apropriados de outros textos.

A distinção dos gêneros e o reconhecimento de suas funções e objetivos, além dos padrões retóricos utilizados nesses gêneros, devem constituir-se numa estratégia de análise macrotextual da qual o tradutor faz uso no primeiro contato com o texto a ser traduzido. Essa estratégia, mais tarde, será transformada em um dos **esquemas** do tradutor, que ele sempre utilizará para analisar os textos a serem traduzidos e proceder às escolhas mais adequadas para os novos textos que ele irá construir.

Vamos aplicar estas primeiras informações sobre a estratégia de análise das unidades macrotextuais **gênero** e **padrões retóricos** nos exercícios que se seguem:

Atividade 1

Leia os textos:

Estratégias de análise macrotextual 73

Texto 5.1

OXFORD UNIVERSITY PRESS, INC.
CREDIT & COLLECTIONS DEPARTMENT (SL)
2001 Evans Road
Cary, North Carolina 27513

Telephone: (919) 677-0977
(800) 732-3120
Facsimile: (919) 677-8828

Dear Customer:

Re: 988390000
Acct. # INV 70438218

Thank you for your recent order detailed on the attached invoice.

Unfortunately, we did not receive the necessary authorization from the bank to bill your credit card at this time. The books, however, have been shipped in good faith of your prompt payment.

Please review the attached copy of the invoice which indicates the credit card number and expiration date. If you find the account number is wrong please provide the correct card number and we will resubmit the charge.

If the number and expiration date are correct, please forward your check or money order with letter to clear the charge from your account.

If you have any questions regarding the status of your credit card, please call your appropriate Credit Card Representative.

We appreciate your interest in the publications of Oxford University Press, and look forward to the prompt receipt of your payment.

Respectfully,
Peggy M. Wilkinson
Credit Correspondent # 4
e-mail: pmw@oup-usa.org
Attachment

Texto 5.2

Feb 15/99
Dearest Celia,

I owe you an ocean of apologies. Please believe me when I say I have thought of you many many times in the last two years. How are you? How are your children? Is Ernesto even more handsome now? And your daughter Elisa? I finally managed to finish the damned thesis. I am teaching at a college here and applying in the meantime to the universities. We have bought a house in Calgary. We were actually beginning to settle down when we went to India this Christmas. Well, I don't know what actually happened, but both Charles and I came back wondering whether it wouldn't be a million times better to return to India & live there? So, look, if you plan to visit Canada, you must do so soon, or else you'll have to take a trip to India – another hot, crowded, disorderly, catastrophic part of the third world! Please drop me a line, I am waiting eagerly to hear from you.

With much love,
Janet

P. S. I hope you get this letter because I am mailing it to your one-time address. I hope your sister still lives there & will kindly redirect this to your correct address!

> Tente agora responder às perguntas.
>
> 1) A que gênero pertencem os textos acima?
>
> ....
>
> 2) Para identificar as estruturas genéricas dos textos, você deve observar o seu formato convencional. Por exemplo, o primeiro texto, que você deve ter reconhecido como uma carta formal, tem como primeira parte integrante da sua estrutura genérica, o timbre, ou identificação, da empresa que envia a carta. Em seguida, o endereçamento ao cliente, com a referência ao assunto tratado. O próximo componente da estrutura é um agradecimento ao cliente pela compra feita, componente que podemos relacionar à polidez nas culturas anglo-americanas, e assim por diante. Agora, continue a identificar a estrutura genérica desses textos.
>
> ....
> ....
> ....
> ....

Se você está fazendo uso deste livro em sala de aula, compare as respostas dadas às perguntas anteriores com as de um colega, discutindo as diferenças das formas convencionais de cada gênero. Se está fazendo uso independente dele, procure um estudioso da área de tradução para discutir a questão.

> 3) Observe os componentes gramaticais e lexicais desses textos. Tente descobrir se há estruturas gramaticais ou escolhas lexicais que são próprias dos gêneros em questão. Use as seguintes reflexões para orientar-se: por exemplo, na carta informal, há um parágrafo em que o padrão retórico predominante é a narrativa. Quais são os tempos verbais usados nessa narrativa? Os eventos narrados estão em sequência? Há elementos gramaticais estabelecendo a ligação entre esses eventos? Na carta formal, existe algum padrão retórico predominante? Se existe, há alguma estrutura verbal relacionada com este padrão? Estão marcadas as relações entre as frases com conectivos? Com relação às escolhas lexicais, observe, por exemplo, as formas de endereçamento e de fechamento de ambos os gêneros. Quais são as semelhanças e diferenças das escolhas lexicais aí feitas pelos escritores? Existem palavras, ou expressões, que podemos dizer são próprias de cada gênero?
>
> ....
> ....
> ....
> ....
> ....
> ....
> ....
> ....

Leia a carta formal contida no texto a seguir, em português.

Texto 5.3

MasterCard

Célia Maria Magalhães
R Dr Lucídio Avelar 165/203
Buritis Belo Horizonte MG
30455-290

São Paulo, 28 de abril de 1999

Prezado Cliente,

Informamos que ficamos muito felizes em saber que V. S. vai continuar a desfrutar das vantagens de seu cartão.

V. S. faz parte de um seleto grupo de pessoas, ou seja, aquelas possuidoras do cartão de crédito que oferece mais benefícios aos seus clientes. Este direito foi conquistado por V. S. e sentimo-nos muito honrados em tê-lo como cliente.

Colocamo-nos à sua inteira disposição.

Atenciosamente,

Serviços a Clientes

---

4) Compare a estrutura genérica e os padrões retóricos dessa carta com as estruturas e padrões encontrados na carta formal escrita em inglês. No segundo parágrafo da carta anterior, ocorre o que chamamos anteriormente de hibridização de gêneros, devido à intertextualidade entre os gêneros. Esse parágrafo lembra a linguagem apelativa da propaganda, e traz fortes elementos de persuasão. Você conseguiu identificá-los? Consiga também uma carta informal, escrita em português, para compará-la à outra carta, já analisada por você. Quais são as semelhanças e diferenças com relação à estrutura genérica e aos padrões retóricos? Existem estruturas gramaticais ou palavras e expressões que podem ser consideradas típicas desse gênero em ambas as línguas?

Forme grupos maiores para discutir as respostas às questões 3 e 4, se estiver usando este livro em sala de aula. Você consegue chegar a alguma conclusão com relação à importância, para o tradutor, da identificação de semelhanças e diferenças entre os gêneros textuais em português e inglês? Se estiver fazendo uso independente do livro, discuta esta questão com um estudioso da área de tradução.

Atividade 2

Leia agora os textos 5.4, 5.5 e 5.6, cada um pertencente a um gênero diferente.

Texto 5.4

Here's one way for a host to give cheese a starring role.

Mary Bergin
Executive Pastry Chef
at Spago, Las Vegas

FONTINA MELTS

1 ½ cups fontina*
1 medium tomato
10 leaves fresh basil, finely sliced
2 tablespoons olive oil
2 teaspoons fresh garlic cloves, minced Salt and pepper to taste
16 pieces French bread (approx. 1 loaf)
* Substitute mozzarella, if you like.

Prep time: 10 minutes
Cooking time: 25 minutes
Recipe yields 16 pieces

Preheat oven to 350 degrees.

Grate fontina and refrigerate until needed.

Slice tomato into four thick pieces, then cut each slice into quarters. Set aside.

Combine garlic, olive oil, basil, salt and pepper.

Slice French bread ¼" thick, arrange slices on baking sheet and bake until toasted (approx. 10 minutes each side). Remove from oven and turn on broiler.

Divide cheese evenly on bread slices and broil until cheese is melted (approx. 5 minutes). Place a tomato quarter and spoonful of basil/garlic mixture atop each piece. Transfer to serving platter.

Time, March 22, 1999.

Texto 5.5

User's Manual – Sony Walkman
WHEN PLAYING CASSETTES
Do not use cassettes longer than 90 minutes except for long continuous playback.
If the tape is playing but no sound comes out, the batteries may be weak.
Replace both batteries with new ones.
If your Walkman has not been used for a long time, run the Walkman for a few minutes before inserting a cassette.
Do not open the cassette holder while the tape is running.
HANDLING YOUR WALKMAN
Do not expose the Walkman to extreme temperatures, direct sunlight, moisture, sand, dust, or mechanical shock. Never leave the Walkman in a car parked in the sun.
Do not wind the headphones cord around the Walkman. The buttons may be kept pressed, causing unnecessary battery usage.

Estratégias de análise macrotextual 77

Texto 5.6

"*Congratulations, Mr. & Mrs. Bauer! It's a cardigan!*" It was a match made in heaven: She loved the outdoors; he loved the outdoors. She loved fishing, skiing and camping; he loved fishing, skiing and camping. She played the ukulele; he, uh, well, he didn't. At any rate, it was Stine Bauer who, once she married Eddie in 1929, convinced him to carry comfortable, stylish women's clothing. He liked the idea so much, he hired her. (Nice guy.) The cardigan, at right, comes from our new line of women's clothing. You could say it's living proof that behind every great man is a great woman pulling the strings.

Mademoiselle, April, 1999.

Faça os seguintes exercícios, sempre comparando com os gêneros textuais correspondentes em português.

1) A que gênero pertencem os três textos?
2) Identifique as estruturas genéricas e os padrões retóricos correspondentes, procurando observar as semelhanças e diferenças entre os gêneros na mesma língua, bem como as semelhanças e diferenças entre os gêneros nas duas línguas. Por exemplo, você conseguiu identificar que, embora o padrão retórico dominante tanto na receita quanto no manual do usuário seja o instrucional, o tipo de instrução é geralmente diferente? De que maneira se manifesta essa diferença em termos gramaticais?
3) Você conseguiu identificar o terceiro texto como propaganda? Este texto inicia com uma frase feita, típica de uma situação social específica. Qual é o efeito dessa frase no texto da propaganda? Você acha que podemos identificar o uso dessa frase neste texto como um traço de intertextualidade?

Agora, compare o resultado de suas considerações em grupos de dois ou mais. Se você está fazendo uso independente deste livro, deve procurar um professor ou alguém da área de tradução para checar suas conclusões a respeito de gênero textual, padrões retóricos, estruturas gramaticais e léxico específico de cada gênero.

Atividade 3

Para concluir o estudo desta seção, você vai aplicar nos textos 5.7 e 5.8 o que você aprendeu sobre gêneros textuais e padrões retóricos. Ambos os textos abordam um tema comum, mas pertencem a gêneros diferentes. Leia-os.

Texto 5.7

SIMILARITIES BETWEEN LINCOLN AND KENNEDY

Are you aware of the striking similarities between two of the most popular U. S. presidents, Abraham Lincoln and John F. Kennedy? A minor point is that the names Lincoln and Kennedy both have seven letters. Both men had their elections legally challenged. Lincoln and Kennedy are both remembered for their sense of humor, as well as for their interest in civil rights. Lincoln became president in 1860; Kennedy, in 1960. Lincoln's secretary was Mrs. Kennedy; Kennedy's secretary was Mrs. Lincoln. Neither man took the advice of his secretary not to make a public appearance on the day on which he was assassinated. Lincoln and Kennedy were both killed on a Friday in the presence of their wives. Both assassins, John Wilkes Booth and Lee Harvey Oswald, have fifteen letters in their names, and both were murdered before they could be brought to trial. Just as Lincoln was succeeded by a Southern Democrat named Johnson, so was Kennedy. Andrew Johnson (Lincoln's successor) was born in 1808; Lyndon Johnson (Kennedy's successor) was born in 1908. And finally, the same caisson carried the bodies of both men in their funeral processions.

ARNAUDET, M., BARRETT, M. Paragraph development. Englewood Cliffs, New Jersey: Prentice Hall Regents, 1990. p.118.

Texto 5.8

A reader sent us this list of the bizarre similarities between the assassinations of Lincoln and Kennedy. It's hard to believe, but they're true. Rod Serling, where are you?

Abraham Lincoln was elected in 1860, and John Kennedy in 1960, 100 years later.

Both Lincoln and Kennedy mentioned having premonitions of death before their assasinations.

Lincoln's secretary, named Kennedy, warned him not to go to the theater that fatal night. Kennedy's secretary, named Lincoln, tried to talk him out of going to Dallas.

Both men died of bullet wounds to the head.

Both were killed as they sat beside their wives.

Both were ardent proponents of civil rights. John Wilkes Booth, Lincoln's assassin, was born in 1839, and Lee Harvey Oswald, Kennedy's assassin, was born in 1939, exactly 100 years later.

The names John Wilkes Booth and Lee Harvey Oswald each contain 15 letters.

Booth shot Lincoln in a theater and fled to a warehouse. Oswald shot Kennedy from a warehouse and fled to a theater.

Both Presidents were succeeded by vice-presidents named Johnson. Andrew Johnson followed Lincoln, and Lyndon B. Johnson followed Kennedy.

Andrew Johnson was born in 1808, and Lyndon B. Johnson was born in 1908, 100 years later.

Both were killed on Friday.

Both Johnsons were Democrats, southern, and former senators.

The names Kennedy and Lincoln each contain seven letters.

The names Andrew Johnson and Lyndon Johnson each contain 13 letters.

Both Booth and Oswald were killed before reaching trial.

The Bathroom Reader's Institute (1990). Uncle John's Third Bathroom Reader. New York. NY: St. Martin's Press.

> Faça agora os seguintes exercícios:
>
> 1) Tente descobrir a que gêneros específicos pertencem os dois textos.
>
> 2) Verifique que padrões retóricos são usados em ambos, procurando apontar seme-lhanças e diferenças.
>
> 3) Identifique os traços gramaticais pertinentes aos gêneros. Lembre-se de observar que, enquanto no segundo gênero as semelhanças entre os dois presidentes são apenas listadas, no primeiro são feitas frases mais complexas, cujo elemento de ligação são as comparações.
>
> 4) Identifique as semelhanças e diferenças nas escolhas lexicais de ambos.
>
> 5) Uma vez identificados os padrões retóricos, os componentes gramaticais e lexicais, traduza os dois textos e discuta com seu colega a utilidade dessa estratégia de análise no processo de tradução desses textos. Se estiver usando o livro sozinho, procure um professor ou estudioso da área de tradução para discutir as traduções e as estratégias usadas.

Contextualização

Você teve a oportunidade de ver, na seção anterior, a importância da estratégia de análise macrotextual, iniciando com as unidades gênero e padrões retóricos, tanto para a compreensão do texto de partida quanto para a produção do texto de chegada. Nesta seção, você estará desenvolvendo mais uma estratégia de análise macrotextual que o ajudará a estabelecer, com maior facilidade, as relações do texto com o contexto, facilitando o seu trabalho de leitor e tradutor.

A **coesão** e a **coerência** são duas noções importantes quando estamos trabalhando com os textos no nível do discurso, isto é, num nível em que o entendimento apenas das palavras ou das frases isoladamente não é suficiente. Mona Baker (1992), em capítulo sobre estratégias de equivalência pragmática, define de maneira clara estes conceitos: ambos constituem-se em redes de relações, por meio das quais o texto é organizado e criado. A **coesão** é uma rede de relações encontrada na superfície do texto que estabelece as ligações entre as palavras e as expressões do texto; é, portanto, uma propriedade do texto, conforme diz Hoey, citado em Baker (1992). Já a **coerência** é a rede de relações conceituais subjacente à superfície textual, sendo, portanto uma faceta da avaliação do texto pelo leitor, como assinala ainda o mesmo autor. A coesão é uma maneira de explicitar as relações de coerência do texto. Essas relações podem, entretanto, estar implícitas. Nesse caso, é necessário que o leitor faça uso do seu conhecimento prévio, ou do contexto, para tentar estabelecê-las e fazer sentido do texto, chegando, portanto, à sua coerência. Para exemplificar melhor, vamos fazer alguns exercícios para tentar identificar as relações de coesão de um texto e a maneira pela qual essas relações interagem para que este texto faça sentido para nós.

80 Traduzir com autonomia – estratégias para o tradutor em formação

---

Atividade 4

Leia, agora:

Texto 5.9

MARKS & SPENCER

For over 100 years Marks and Spencer has been synonymous with quality, value and service to our customers. The Company believes that a successful future depends on applying these principles to everything we do, from the way we manage our stores, and the care we take over the products we sell, to how we treat our customers, staff and suppliers. It is also about being a good corporate citizen, sharing our success with charities and organisations in the communities where we trade.

Open Air Theatre: Regent's Park, The New
Shakespeare Company's 1995 season (folheto)

Imagine que esta é a primeira vez que você toma contato, como leitor, com o nome Marks & Spencer, título desse pequeno excerto de texto. O seu conhecimento de mundo já pode levá-lo a inferir que se trata de nome de um estabelecimento comercial. De que maneira você pode encontrar ligações no texto para confirmar a sua informação e saber que se trata de uma rede de lojas?

Se você conseguiu identificar os vários elementos lexicais que fazem parte ou do mesmo campo semântico de *estabelecimento comercial* ou tem relações com esse campo de conhecimento (*customers*, *The Company*, *stores*, *products we sell*, *customers*, *staff and suppliers* e *trade*) e que remetem o leitor ao título e tópico do texto, parabéns! São relações como esta, exemplificadas aqui pela **coesão lexical**, que nos ajudam a inferir outras relações, as de coerência, ou de ligação do texto com o mundo exterior do leitor.

Atividade 5

Mas a coesão lexical é apenas uma das maneiras de se estabelecerem as relações entre as palavras e as expressões de um texto. Leia o texto 5.10, procurando identificar que tipo de relação as palavras grifadas estabelecem entre palavras ou frases:

Estratégias de análise macrotextual 81

Texto 5.10

Scorpio **October 23-November 21**

Jupiter, who paves the way for success, and the big-shot Sun are both in your work area, so expect good feedback and strides forward. This probably means most of your energy should be job-directed. However, you'll enjoy what you're doing, so it won't feel like "ugh" work. Romance is likely to take a backseat, especially between the 17th and 19th, when stickler Mercury makes you focus on details. Do something to release the tension – exercise would be good. On the 20th, you'll get social again and work intensity should lessen. On the 26th, meet a family responsibility with dignity and everyone will have good feelings.

Mademoiselle, April 99.

---

who ....
so ....
This ....
However ....
so ....
when ....

....
and ....

Você concorda que o fato de identificar as relações que estes **marcadores** e **pronomes** estabelecem facilita não só a compreensão do texto mas também a escolha dos marcadores apropriados para a sua reescrita do texto?

> Faça então mais este exercício: traduza o texto anterior, não se esquecendo de que a escolha de marcadores deve levar o seu leitor a apreender o texto que está lendo.

Você viu anteriormente exemplos de textos em que as relações de coesão entre as ideias do texto se estabelecem por meio da repetição do léxico, da substituição de palavras, expressões ou frases inteiras por pronomes, e da explicitação da relação entre as frases por meio de marcadores. Existem também os exemplos em que as relações entre as ideias no texto se estabelecem através de **omissões**.

Atividade 6

Leia o texto contido na figura 5.1. Ele faz parte de uma propaganda da Ford, de duas páginas, com outros componentes textuais e visuais. No entanto, interessa-nos apenas o texto do diário de um técnico de emissões da Ford, que se encontra dentro da sua pasta de trabalho, ao lado de sua fotografia e chaves do carro:

Figura 5.1

Discover, April, 1999.

De que maneira estão relacionadas as proposições "(...) their famous performance won't change; only their emissions will."?

Se você respondeu que é a omissão do verbo *change*, já explicitado na primeira frase, que estabelece uma relação de contraste entre as proposições, muito bem. Decida qual seria a adaptação necessária para estabelecer esta relação na tradução para o português.

Observe de que maneira estão ligadas as frases "I feel really good (...)" e "And I'm sure the plants and animals do, too."

Você notou que, além do marcador *and*, as ideias nas duas frases também se ligam através da omissão de todo o predicado da primeira ("feel really good about...") e substituição pelo auxiliar *do* na segunda? Qual seria a adaptação necessária ao traduzir para o português?

A coesão é, entretanto, apenas um dos elementos discursivos. Você já deve saber, consciente ou inconscientemente, que a nossa interpretação de qualquer texto depende das expectativas que trazemos para o momento da leitura e que estas expectativas, por sua vez, estão estreitamente relacionadas com o contexto da tarefa de leitura. Há, portanto, outros aspectos que você deve levar em consideração. Por exemplo, os analistas do discurso Brown e Yule (1986) dizem que ao analisar o uso da linguagem no contexto por um escritor/falante, devemos nos preocupar com a relação entre o escritor/falante e o enunciado naquela ocasião específica de uso da linguagem. Assim, ao analisarmos a **referência**, já tratada antes, estaremos também pensando nas relações escritor/leitor no contexto de uso da linguagem. A **inferência** (tratada extensivamente no capítulo 4) é outro processo em que devemos nos engajar para chegar a uma interpretação possível do texto, uma vez que não temos acesso direto à intenção do escritor ao produzir o seu texto.

Outros aspectos importantes que Brown e Yule mencionam são o **contexto da situação** e o **cotexto**. O **contexto da situação** é uma noção com que Firth (apud Brown & Yule, 1985) já se preocupava ao falar em observar-se o enunciado sempre em relação ao seu contexto social. Para este autor, o contexto da situação promove, em termos linguísticos, a relação entre os participantes, os objetos e o efeito da ação verbal. Uma abordagem semelhante do contexto, assinalam Brown e Yule, é a de Hymes. Este autor diz que o papel do contexto na interpretação pode, ao mesmo tempo, limitar as possíveis interpretações de um texto e dar suporte à interpretação pretendida.

O **cotexto**, noção desenvolvida por Brown e Yule, a partir de Halliday, está voltado para o papel do contexto (aqui em sentido mais restrito, ou seja, dentro do texto) em que aparecem as palavras ou expressões para a sua interpretação. Assim, continuam os autores, a escolha pela interpretação adequada de *landing* em "The same evening I went on shore. The first *landing* in any new country is very interesting (p. 47)", em meio a várias entradas no dicionário, é determinada pelo cotexto, da mesma forma que o é a interpretação das frases.

ATIVIDADE 7

Para finalizar esta seção, você vai fazer um exercício de interpretação. Leia:

84 Traduzir com autonomia – estratégias para o tradutor em formação

Texto 5.11

A PRISONER PLANS HIS ESCAPE

Rocky got up from the mat, planning his escape. He hesitated a moment and thought. Things were not going well. What bothered him most was being held, especially since the charge against him had been weak. He considered his present situation. The lock that held him was strong, but he thought he could break it.

Adaptado de Anderson et al., 1977. In: Yule, George, 1983.

Responda às seguintes perguntas:

1) Onde se encontra Rocky?

....

2) Ele está sozinho?

....

3) O que aconteceu com ele?

....

Observe, agora, o que acontece quando substituímos o título deste mesmo texto por outro. Leia:

Texto 5.12

A WRESTLER IN A TIGHT CORNER

Rocky got up from the mat, planning his escape. He hesitated a moment and thought. Things were not going well. What bothered him most was being held, especially since the charge against him had been weak. He considered his present situation. The lock that held him was strong, but he thought he could break it.

Responda novamente às três perguntas dadas, comparando suas respostas com as respostas anteriores.

Tente tirar conclusões a respeito dessa experiência de leitura e interpretação. Pense também de que modo a interpretação que damos aos textos pode influenciar a nossa tradução dos mesmos.

Traduza agora os dois textos para o português e comente as diferenças que cada contexto específico traz para a leitura de cada um deles.

Conclusão

Neste capítulo, você tomou conhecimento de uma estratégia de tradução, a análise de duas unidades macrotextuais a saber, gênero e padrões retóricos. Você pôde perceber que as estruturas genéricas são convencionalizadas pelos eventos sociais que representam, bem como pelos participantes desses eventos. Assim, cada gênero textual específico, como receitas, manuais, texto de propaganda, reportagens de jornais, editoriais e outros, será construído atendendo a convenções predeterminadas por esses eventos e pela comunidade que neles interage. Essas convenções dizem respeito não apenas à estruturação dos gêneros e dos padrões retóricos mas também às estruturas gramaticais e escolhas lexicais a serem usadas em cada gênero textual. O conhecimento das estruturas genéricas e dos padrões retóricos usados para atingir o objetivo comunicativo do texto facilita a sua tradução, levando-o a fazer as escolhas mais adequadas dos componentes gramaticais e lexicais para o texto traduzido.

Além destas noções sobre a estrutura genérica dos textos, você teve, por meio de considerações teóricas e exercícios aplicados, a oportunidade de começar a desenvolver uma estratégia de tradução, de análise macrotextual, que diz respeito às relações textuais dentro do próprio texto e à relação do texto com o contexto e o seu papel na interpretação que podemos dar ao texto. No nível textual, as relações de coesão, tais como a coesão lexical, a referência, o uso de marcadores, e o papel do cotexto, foram abordadas. Num nível discursivo maior, foram abordadas as relações do texto com o contexto da situação e as inferências que o leitor deve se acostumar a fazer com base neste contexto. Esperamos que estas estratégias de análise macrotextual o conscientize, do leitor especial que você é como tradutor, da importância do conhecimento das relações textuais e contextuais para a sua produção do novo texto.

Leituras complementares

Caso queira se aprofundar um pouco mais sobre os temas tratados neste capítulo, recomendamos uma leitura cuidadosa dos livros:

BAKER, M. *In other words: a coursebook on translation*. London & New York: Routledge, 1992.

BROWN, G., YULE, G. *Discourse Analysis*. 4.ed. Cambridge: Cambridge University Press, 1985.

HALLIDAY, M. A. K., HASAN, R. *Cohesion in English*. London & New York: Longman, 1976.

HATIM, B., MASON, I. *Discourse and the translator*. London & New York: Longman, 1990.

HATIM, B., MASON, I. *The translator as communicator*. London & New York: Routledge, 1997.

HOEY M. *On the surface of discourse*. London: George Allen & Unwin, 1983.

HOEY, M. *Patterns of lexis in text*. Oxford: Oxford University Press, 1991.

SWALES, J. *Genre Analysis: English in academic and research settings*. Cambridge: Cambridge University Press, 1990.

WALLACE, C. *Reading*. Oxford: Oxford University Press, 1993.

6
Estratégias de análise microtextual
os níveis lexical e gramatical

Célia Magalhães

Objetivos

Neste capítulo, vamos abordar os seguintes aspectos:
* O uso da estratégia de análise microtextual, com base em problemas de não equivalência **lexical**;
* O uso da estratégia de análise microtextual, com base em problemas de não equivalência **gramatical**.

Considerações teóricas

No capítulo 5, trabalhamos com estratégias de análise macrotextual, utilizando as categorias de **gênero** e **padrões retóricos** que constituem uma dimensão textual maior, originada de convenções disponíveis para os falantes de uma comunidade linguístico-cultural, portanto, inerentes ao seu conhecimento anterior sobre texto. Neste capítulo, passaremos para uma dimensão textual menor, mas não menos importante, trabalhando com a estratégia de análise microtextual e examinando itens lexicais, desde a palavra até as colocações e expressões idiomáticas metafóricas, além de itens gramaticais, desde o uso de tempos verbais até a ordem das palavras na frase. As metáforas do astrônomo com o telescópio e do cientista com o microscópio refletem bem o foco dos dois capítulos: o astrônomo observa o todo, ou o **macro**, para sentir, compreender e identificar-se com a harmonia do universo; o cientista faz um escrutínio dos detalhes que compõem esse todo, no nível **micro**, tentando entender o seu papel como partes integrantes deste.

Uma maneira de realizarmos este exame minucioso do texto é por meio de problemas de tradução gerados pela não equivalência entre os itens lexicais e gramaticais do par linguístico que estamos analisando. A **equivalência** é uma noção que tem gerado controvérsia entre os pesquisadores da área de tradução. Dizem os teóricos Mark Shuttleworth e Moira Cowie que essa controvérsia se deve ao fato de que a própria palavra "equivalência" é, originalmente, polissêmica. Alguns teóricos usaram o conceito fazendo analogia com a noção matemática de equivalência, por isso, havia a ideia implícita de que a tradução era simétrica e reversível. Por exemplo, a ideia de equivalência do linguista John C. Catford é de algo quantificável, o que lhe permitiu pensar a tradução como uma simples questão de substituição de cada item da língua de partida pelo equivalente mais adequado da língua de chegada, escolhido de uma lista de equivalentes em potencial. Já os pesquisadores canadenses Vinay e Darbelnet (1957) nomearam sete procedimentos de tradução, entre eles, a **equivalência**, que implica reproduzir a mesma situação do original, mas usando palavras diferentes e é recomendada pelos dois teóricos, para a tradução de expressões idiomáticas. Observe como realmente o termo dá margem a interpretações completamente diferentes.

Na prática, sabemos que é impossível usar o termo com o nível de precisão que os primeiros teóricos queriam, até pela controvérsia gerada por ele. Vamos adotá-lo aqui seguindo o mesmo espírito da pesquisadora egípcia Mona Baker: é conveniente usá-lo porque a maioria dos tradutores já está acostumada com ele; além disso, devemos usá-lo conscientes de que a equivalência em tradução é relativa, sendo influenciada por diversos fatores linguísticos e culturais.

Assim, vamos tentar sugerir estratégias que devem fazer parte da competência do tradutor quando aparecem problemas de tradução que se originam a partir da não equivalência a) no nível do léxico e b) no nível gramatical.

Não equivalência no nível lexical

O **léxico**, cuja estrutura é composta de palavras, é um dos recursos da língua dos quais os falantes dependem crucialmente para analisar ou relatar a sua experiência de vida. Um conhecimento apurado do léxico do par linguístico com o qual estamos trabalhando em tradução é, portanto, essencial. Vamos abordar a questão lexical neste capítulo, começando por adotar a definição de Baker, de **palavra** como "qualquer sequência de letras com espaço ortográfico de cada lado" e a noção de que não há correspondência um a um entre as palavras e os elementos do significado numa mesma língua ou entre as línguas para analisar os problemas de tradução que podem resultar da não equivalência entre palavras.

É interessante também termos em mente as considerações da pesquisadora sobre o significado lexical de uma palavra ou unidade lexical: este constitui-se no valor específico que essa palavra ou unidade lexical tem num sistema linguístico particular e o perfil que adquire por meio do uso nesse sistema. Embora admita ser difícil analisar as palavras em termos de componentes de significado, Baker adota um modelo de análise das unidades lexicais em componentes de significado que julgamos adequado para os nossos objetivos aqui. Segundo esse modelo, há quatro tipos de significado nas palavras e enunciados (trechos de texto escrito ou falado): **proposicional**, **expressivo**, **pressuposto** e **evocado**.

Nas atividades propostas neste capítulo, vamos trabalhar com esses significados para conscientizá-lo dos problemas que a não distinção entre eles pode gerar na tradução. O **significado proposicional** é o resultado da relação entre a palavra/enunciado e aquilo a que se refere ou que descreve num mundo real ou imaginário, concebido pelos falantes da língua particular a que pertence aquela palavra/enunciado. Por exemplo, o significado proposicional de *sapato* é "calçado... que cobre o pé"; portanto, usar a palavra *sapato* para se referir à peça do vestuário que cobre a cabeça, isto é, o *chapéu*, seria considerado inexato.

O **significado expressivo** tem a ver com os sentimentos ou atitude do falante com relação àquilo a que a palavra/enunciado se referem; portanto, não se pode considerá-lo falso ou verdadeiro. Um exemplo em português é o uso dos verbos de relato *dizer* e *alegar*: a diferença entre *Ele disse que viu o acidente* e *Ele alega ter visto o acidente* está na atitude do falante com relação a esse enunciado.

O **significado pressuposto** vem de restrições estabelecidas pela coocorrência de palavras, seja pelo seu significado proposicional, seja pelos **grupos convencionais** semanticamente arbitrários. Exemplos das primeiras restrições são as coocorrências de *pessoas devotas* mas não de *desenhos devotos* – espera-se, em português, um substantivo humano para o adjetivo *devoto*. Um exemplo das restrições em grupos nominais (que serão extensivamente tratados neste capítulo) é esperarmos ouvir *pão com manteiga* e não *manteiga com pão*.

O **significado evocado** vem de **variações dialetais** ou de **registro**. O **dialeto** é uma variedade da língua usada numa comunidade ou grupo específico de falantes, classificado de acordo com a região geográfica (por exemplo, diz-se *cenoura amarela* em Minas Gerais e *mandioquinha* em São Paulo), com a dimensão temporal e social (um bom exemplo para essas duas dimensões são as gírias e variam no tempo e no espaço social em que circulam). O **registro** é uma variedade da língua que o falante considera adequada a uma situação específica (veja o exemplo do uso de *devotar* na atividade 4).

Atividade 1

Releia o texto 6.1. Trata-se do texto "India Update", do gênero jornalístico que você viu no capítulo 4.

Texto 6.1

INDIA UPDATE

The Jhanata Party has won the latest national polls and will be the most powerful force in the new Lokh Sabah. U. P. Singh, the party spokesperson, has emphasized that grassroots politics will now be confronted with the concepts of hindhu fundamentalism.

Procure no dicionário monolíngue o significado proposicional das palavras *spokesperson* e *grassroots*. Ambas são substantivos compostos, com uma diferença de uso na frase: o primeiro é empregado sozinho, como substantivo mesmo; o segundo está sendo usado atributivamente, como modificador do substantivo *politics*. Tente encontrar uma palavra equivalente, composta ou não, para traduzi-los, inclusive tentando manter a neutralidade de gênero de *spokesperson* que é usada em inglês para se referir indistintamente a um homem ou a uma mulher.

No primeiro caso, o da palavra *spokesperson*, você deve ter visto que será difícil encontrar uma única palavra em português para expressar a ideia que nos dá, por exemplo, o dicionário *Collins Co-Build*, cuja definição você pode ler a seguir.

spokesperson, spokespersons.	N COUNT:
	IF +
A **spokesperson** is the same as a spokesman. The word **spokesperson** is sometime used by people when it is not relevant whether the person is male or female	PREP THEN *for/of*

Você poderá optar por omitir a informação "who is asked to speak" e dizer apenas "porta-voz". Mas ainda terá a questão da neutralidade do gênero a ser resolvida, uma vez que "porta-voz" não é marcado para gênero, à maneira de *spokesperson*, mas os artigos *o* e *a*, diferentemente do artigo *the* do inglês, o são. Assim, talvez sua solução seja usar "o(a) porta-voz".

Você já deve ter visto que *grassroots* apresentará o mesmo tipo de dificuldade: você encontrou alguma palavra em português que equivalha à definição do *Collins-Cobuild*: "(...) the ordinary people who form the main part of it [an organization], rather than its leaders"? Se você pensou em "política *de massa*" como alternativa possível, tem pelo menos duas palavras em português como equivalentes de uma em inglês. Ainda assim, contará com um dado adicional: *massa*, em português, tem um valor expressivo que *grassroots* não tem em inglês. "Política de base" seria uma tradução mais adequada.

Atividade 2

Releia, agora, no texto a seguir o primeiro parágrafo de *Kim*, de Rudyard Kipling, que você leu no capítulo 4. Você pode definir a que gênero pertence esse extrato de texto?

Texto 6.2

He sat, in defiance of municipal orders, astride the gun Zam-Zammah on her brick platform opposite the old Ajaib-Gher – the Wonder House, as the natives call the Lahore Museum. Who hold Zam-Zammah, that 'fire-breathing dragon', hold the Punjab; for the great green-bronze piece is always first of the conqueror's loot.

Tente encontrar um equivalente em português para o advérbio *astride* e a preposição *opposite*. Você percebeu que será difícil encontrar equivalência um a um, ou palavra por palavra para esses dois exemplos?

Agora, vejamos o caso do adjetivo *fire-breathing*. Sabemos que esse adjetivo é composto de um substantivo + hífen + um particípio em *-ing* que funciona como adjetivo quando usado atributivamente, como no texto acima: "that 'fire-breathing' dragon". O particípio em *-ing* sozinho pode ser usado como adjetivo atributivo (veja *the warning label* e *the attending physicians* no texto *Prescription for Profit*, do capítulo 1), e há também outros tipos de palavra composta com esse particípio (veja, no capítulo 3, os exemplos do título do texto "Nodulation of Acacia Fast-and Slow-growing Tropical Strains of Rhyzobium", em que a composição é adjetivo + hífen + particípio). Em alguns poucos casos, em português, será possível encontrar uma palavra como equivalente do particípio, mesmo que ela pertença a uma classe diferente da palavra em inglês: é o caso de *médicos atendentes*, em que temos *atendentes* como substantivo formado do verbo atender. Nos outros casos, a estratégia deve ser a de explicitação do particípio com uma oração relativa, como em *dragão **que respira fogo***, ou com um adjunto, como em *rótulo **de advertência***, ou *Variedades Tropicais de Rhyzobium **de crescimento rápido e lento***.

Atividade 3

Vamos rever, a seguir, nos textos 6.3 e 6.4, dois trechos das cartas analisadas no capítulo 5. Você se lembra de que o primeiro faz parte do gênero carta informal e o segundo do gênero carta formal?

Texto 6.3

P. S. *I hope you get this letter because I am mailing it to your one-time address. I hope your sister still lives there & will kindly redirect this to your correct address!*

Texto 6.4

The books, however, have been shipped in good faith of your prompt payment.

Os pesquisadores que estudam questões de vocabulário, entre eles, Ronald Carter e Michael McCarthy, chegaram à conclusão de que é necessário visualizar o léxico de uma língua dividido em vários conjuntos de palavras que se referem a uma série de campos conceituais, denominados **campos semânticos**. Exemplos de campos semânticos em português são *plantas*, *comida* e *animais*. Os campos são conceitos abstratos, compostos de palavras e expressões reais que constituem os **conjuntos lexicais**. O campo semântico é geralmente arranjado hierarquicamente, com o conceito mais geral como **hiperônimo** e conceitos mais específicos como **hipônimos**. Por exemplo "cachorro" é hipônimo de "animal". "Planta" é hiperônimo de "bananeira".

> *Você se lembra dos mapas de memória que apresentamos no capítulo 4? Procure, nas atividades 4 e 5 daquele capítulo, exemplos de hiperônimos e hipônimos nos mapas conceituais ali estudados.*
>
> *Examine, novamente, o texto "India Update" e tente estabelecer que estratégia você usou para traduzir the latest national polls. Você percebeu que polls é um hipônimo do conceito hiperônimo eleição que, por sua vez, é uma opção mais aceitável para a tradução em português?*

Veja, também, como a estratégia pode ser o inverso da anterior: em alguns casos, teremos o conceito geral no inglês e teremos de traduzi-lo por um conceito específico em português, para tornar o texto de chegada mais fluente. Releia texto Marks & Spencer já apresentado no capítulo 5:

Texto 6.5

MARKS & SPENCER

For over 100 years Marks and Spencer has been synonymous with quality, value and service to our customers. The Company believes that a successful future depends on applying these principles to everything we do, from the way we manage our stores, and the care we take over the products we sell, to how we treat our customers, **staff** and suppliers. It is also about being a good corporate citizen, sharing our success with charities and organisations in the communities where we trade.

Você concorda que do campo semântico da palavra *staff* fazem parte empregados em variados graus da hierarquia numa empresa, a saber *employees*, *managers*, *directors* e até *lawyers*? No entanto, ficaria estranho se, seguindo a orientação de que o equivalente de *staff* em português é *pessoal*, traduzíssemos: "(...) nossos clientes, **pessoal** e fornecedores". Assim, uma opção mais aceitável seria: "(...) nossos clientes, **equipe** e fornecedores", usando um hipônimo do conceito mais geral e mantendo o paralelismo das palavras coordenadas.

Atividade 4

Há também os casos de palavras que constituem os chamados **itens culturais específicos**, bastante estudados pelo pesquisador Javier Aixelá (1995). Ele nos diz que a natureza do item cultural específico só pode ser explicada por meio de uma lacuna intercultural ou de valores diferentes atribuídos a esses itens nas línguas e propõe "ferramentas" para auxiliar na sua tradução. Vamos trabalhar com alguns desses itens para que você possa desenvolver estratégias adequadas para traduzi-los.

> Leia o texto 6.6. Você se lembra da frase tirada do ensaio "Similarities between Lincoln and Kennedy", apresentado no capítulo 5?

Texto 6.6

Lincoln's secretary was Mrs. Kennedy; Kennedy's secretary was Mrs. Lincoln.

Se você traduziu essa frase por: "A secretária de Lincoln foi a Sra. Kennedy e a secretária de Kennedy foi a Sra. Lincoln", está convidado agora a refletir sobre a seguinte questão: é um fato cultural nosso chamar as mulheres casadas pelo seu sobrenome com o título Sra.? Parece que não. Para tornar a frase aceitável culturalmente seria necessário reformulá-la, chamando atenção para a semelhança (ao contrário) dos sobrenomes, talvez desta maneira, apresentada no Texto 6.7:

Texto 6.7

O sobrenome da secretária de Lincoln era Kennedy; o da secretária de Kennedy era Lincoln.

Veja, também no capítulo 5, no gênero textual "Bathroom readers", sobre o mesmo tema das semelhanças entre os presidentes americanos, uma referência a Rod Serling, no subtítulo do texto ("Rod Serling, where are you?"). Serling foi um roteirista norte-americano com importante atuação no rádio, em estúdios de cinema e TV. Aqui no Brasil, ficou muito conhecido por ser criador da série de ficção "Além da imaginação" (The Twilight Zone). A partir disso, passou a fazer sentido a referência a tal pessoa num texto sobre tantas semelhanças misteriosas entre duas personalidades famosas. Poderíamos dizer, então, que tal referência constitui um item cultural específico. Que estratégia você usaria para traduzi-lo? Alguns alunos optaram por omitir toda a frase, outros propuseram a alternativa criativa de substituí-lo por um item cultural específico da nossa cultura, por exemplo, *Mãe Diná, onde está você?*

> Leia o texto contido na figura 6.1, intitulado "Range of the European Hedgehog", do gênero de textos de interesse geral:

Figura 6.1

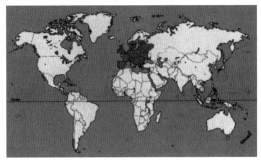

■ Range of
The European
Hedgehog

DISTRIBUTION
   Widespread throughout Europe from southern Scandinavia to the Mediterranean. Hedgehogs were introduced to New Zealand by settlers.
CONSERVATION
   The hedgehog is protected under *Schedule VI of the Wildlife and Countryside Act of 1981*, but it is not an endangered species at the moment.

> Você reconhece o grupo de palavras em itálico como item cultural específico? Que estratégia você usaria para traduzi-lo? Faça uso da busca a recursos externos e da discussão com o colega ao seu lado para tomar a sua decisão.

Volte ao texto "Hit the Bars after Work", do capítulo 1 (veja a figura 1.3). A que gênero ele pertence? Se você respondeu que ele pertence ao gênero publicitário, de divulgação de associações públicas de saúde, está de parabéns!

Você também deve lembrar que esse tipo de gênero textual intenta causar um determinado efeito em seus leitores, daí a exploração ao máximo do processo semiótico de comunicação: a interligação de elementos das linguagens visuais, sonoras e verbais. No caso do texto em questão, já foi discutida a ambiguidade de *bars* em *hit the bars*, no primeiro capítulo.

Observe agora o uso do item cultural específico *Happy hour* no texto 6.8, além de sua replicação no adjetivo *happier* e no item lexical *recreation*. Veja também as aliterações (repetição do mesmo som consonantal), a repetição gráfica da mesma letra e o uso de grupos convencionais (veja a próxima atividade) *body and mind, more and more people, working out, to learn more, web site*.

Estratégias de análise microtextual 95

Texto 6.8

Happy hour is *happier* when the *recreation* you choose is good for **both** *body and mind.* That's why *more and more people* are devoting that time to bik**ing**, walk**ing** or **working** out.´...*To learn more*, visit our *web site.*

Com certeza, você terá de fazer mais que uma tradução palavra por palavra para tentar causar um efeito de apelo aos seus leitores para os problemas do coração. Além disso, veja a palavra *devoting* no texto. O *Collins Cobuild* define *devote* dessa maneira: *If you devote yourself or your time, energy, or effort to something, you use that time, energy, or effort for a particular purpose*, dando como sinônimo a palavra *dedicate*. Embora o *Dicionário Aurélio* também defina *dedicar* como sinônimo de *devotar*, o significado evocado de *devotar*, em português, parece indicar o seu uso apenas em contextos religiosos. Assim, voltamos à questão da simetria entre as línguas: será aceitável traduzirmos *devotando seu tempo...* no contexto do gênero textual acima?

Se você estiver usando este livro em sala de aula, discuta todas essas questões com um colega ou em grupos maiores, antes de você propor uma nova tradução para esse texto. Se estiver fazendo uso independente do livro, procure um professor ou estudioso da área para discutir as suas alternativas de tradução.

Para encerrar este bloco de atividades, com estratégias de solução de problemas de não equivalência no nível da palavra, aceite o desafio lexical que apresenta a tarefa de tradução do texto 6.9. Trata-se de um parágrafo de um dos romances escritos por V. S. Naipul, escritor pós-colonial, nascido na Ilha de Trinidad, de pais indianos, e criado sob a colonização inglesa. Nesse romance, *The Enigma of arrival*, de traços autobiográficos, Naipul aborda a questão dos vários espaços a que um sujeito multicultural deve estar afeito. No parágrafo que destacamos, o narrador relata seus sentimentos de estranheza no momento em que chega à Inglaterra, país cuja imagem, até então, está representada em sua memória pela famosa pintura de John Constable, da catedral de Salisbury.

Texto 6.9

Apart from the romance of the Constable reproduction, the knowledge I brought to my setting was linguistic. I knew that "avon" originally meant only river, just as "hound" originally just meant a dog, any kind of dog. And I knew that both elements of Waldenshaw – the name of the village and the manor in whose grounds I was – I knew that both "walden" and "shaw" meant wood. One further reason why, apart from the fairy-tale of the snow and the rabbits, I thought I saw a forest.

Naipul, V. S., The Enigma of arrival.

Atividade 5

Até agora, estivemos analisando problemas de não equivalência apenas no nível da palavra. Entretanto, existem também alguns **grupos convencionais** de palavras, ou **colocações** – palavras que coocorrem regularmente numa língua –

que devem receber a devida atenção quando se está traduzindo, de modo a se observarem as restrições da língua que determinam o significado pressuposto dos itens lexicais e a não se correr o risco de tornar o texto inaceitável para o seu público leitor. Por exemplo, será considerado mais aceitável em português se traduzirmos *take it for granted* por *dar como certo* e não *tomar como garantido*, ou *have a seat* por *sente-se*, em vez de *tenha um assento*. Na maioria dos casos de colocações, o **componente sonoro** e a **convencionalidade** são aspectos mais relevantes ao se tentar equivalência entre as línguas. Examinemos alguns exemplos.

Leia o texto contido na figura 6.2:

Figura 6.2

Join Hands Without Guns

Hands Without Guns is:

A major media campaign promoting young people's positive efforts to reduce violence in their community.

Hands Without Guns works with youths to develop creative anti-violence messages. Despite the portrayal of youth in the media, most young people are not involved in crime or drugs. In fact, most are troubled deeply by violence in their community, and many are working actively to make things better. The campaign publicizes these local youth anti-violence efforts, applauds the young people already active, and encourages others to get involved.

A framework for community organizing around the issue of gun violence.

Hands Without Guns is a resource connecting young people and adults with local programs as both participants and volunteers. The program also provides training and educational materials to community members who wish to become active in the anti-violence movement.

A campaign to change people's attitudes toward the ownership and use of handguns.

Hands Without Guns enlists health professionals to promote the treatment of handgun violence as a public health problem. The campaign increases community awareness of the circumstances under which handgun-related death and injury occur. It helps families understand handgun violence as a personal safety issue, allowing people to make realistic and informed choices. An evaluation of the campaign's impact on young people's attitudes will be conducted by the Harvard School of Public Health.

Yes! I want to support the *Hands Without Guns* campaign. Please accept my tax deductible donation of:

❏ $25   ❏ $50   ❏ $100   ❏ Other_____

All contributions are tax deductible. Please make checks payable to the Educational Fund to End Handgun Violence, 100 Maryland Ave., NE, Suite 402, Washington D.C. 20002. (202) 544-7227.

Name_____
Address_____
City_____ State____Zip_____

Este texto pertence ao gênero publicitário, de divulgação de associações ou campanhas filantrópicas. Lembre-se de que, nesse tipo de gênero textual, a sonoridade da linguagem, além dos jogos de palavras, são muito importantes para causar o efeito pretendido no leitor. Reflita, então, sobre as perguntas: Você reconhece *algum grupo convencional...* no título *Join Hands Without Arms?* Qual seria a estratégia para tentar a equivalência no nível da colocação sem procurar traduzir palavra por palavra?

Veja agora a frase: "(...) most are troubled deeply by violence (...)." *To be troubled deeply* é outro exemplo de colocação em inglês. Há problemas de equivalência desse grupo convencional em português?

Observe também como a campanha, uma noção mais abstrata que significa um "conjunto de ações ou esforços para atingir um objetivo determinado", se personifica por meio das *mãos sem armas*: *Hands Without Guns works...*; *The Campaign... applauds the young people.* Que alternativa de tradução você daria para *applauds*, para tentar manter a personificação da campanha na segunda frase?

Se estiver fazendo uso deste livro em sala de aula, discuta suas alternativas, comparando-as com as de seu colega. Se estiver fazendo uso desse livro de forma independente, procure um estudioso da área de tradução antes de tirar as suas conclusões.

Releia o texto 6.10. Trata-se do texto "South America", já apresentado no capítulo 2.

Texto 6.10

TRAVELLER'S ADVISORY
Compiled by Jeffery C. Rubin

SOUTH AMERICA
RIO DE JANEIRO

Visitors who want to see how many of Brazil's citizens live can now add the Morro da Providência favela to their tourism itinerary. The oldest and most colorful of the slums that rise above the Cidade Maravilhosa, Providência is being featured in a new four-hour city tour offered by BTR Turismo. Six local teenagers will act as guides, showing off such sights as the Nossa Senhora da Pena Chapel, which dates from the turn of the century, as well as the stunning view of Rio from the hilltop. Police patrols ensure visitor's safety.

Cost: $22.

Lembre-se de que este texto pertence ao gênero publicitário, de propaganda turística, publicado na seção de Roteiro de Viagens da revista *Time*. Ele terá, portanto, uma série de construções para atingir o efeito de despertar a curiosidade dos seus leitores a respeito da favela Providência. O léxico é o aspecto que nos interessa no momento.

> "Reveja a sua tradução desse trecho de descrição da favela: *The oldest and most colorful of the slums...* Que alternativas haveria em português para "colorful"? O que você acha da alternativa *A mais antiga e mais pitoresca das favelas...*, oferecida por uma aluna, após discussão em sala de aula?"

Observe, ainda como *local teenagers*, um grupo convencional aceitável em inglês que, se traduzido literalmente como *adolescentes locais*, será bem menos aceitável em português do que, por exemplo, *adolescentes da região*.

Atividade 6

Nesta atividade continuaremos nosso processo de percepção dos grupos convencionais, tentando também conscientizá-lo da importância da **metáfora** em expressões idiomáticas, para que você possa desenvolver estratégias adequadas para traduzir esses itens lexicais. Em 1980, o linguista George Lakoff e o filósofo Mark Johnson publicaram os resultados de estudos inovadores sobre a metáfora: para eles *a essência da metáfora consiste (...) em entendermos e experimentarmos uma coisa em termos de outra*. A metáfora não seria uma questão meramente linguística; pelo contrário, todos os processos do pensamento humano seriam metafóricos e todo o sistema conceitual humano seria, por natureza, estruturado e definido metaforicamente. Assim, a existência das expressões linguísticas metafóricas estaria ligada diretamente à existência de metáforas no sistema conceitual humano. Essas expressões metafóricas não seriam, portanto, privilégio apenas da linguagem literária, fazendo parte do nosso dia a dia. Adotamos a concepção desses pesquisadores, por isso vamos tratar a metáfora em sua essência de representação de uma coisa em termos de outra, difusa na linguagem comum, incluindo as expressões idiomáticas.

Estratégias de análise microtextual 99

Leia o texto contido nas figuras 6.3 e 6.4.

Figura 6.3

Figura 6.4

Trata-se de outro gênero publicitário, de divulgação do engajamento da Shell com as questões do meio ambiente. Mais uma vez, é importante que você esteja sensibilizado para o fato de que, nesse gênero específico, a imbricação de vários elementos como as convenções genéricas, o uso e a repetição lexical, além da imagem, compõem a dimensão mais ampla do **discurso** da empresa. Estamos usando a noção de discurso aqui como modos de escrita ou fala que representam a atitude e o posicionamento de seus participantes com relação a certas áreas de atividade sociocultural. No nosso exemplo, as pessoas que escrevem pela Shell estão assumindo um discurso ecológico.

A imagem, predominante nessa propaganda que ocupa duas páginas, apresenta ao leitor duas (na verdade, apenas uma) alternativas entre um céu nublado, de um lado, e o céu claro, do outro. Veja como faz parte do discurso da Shell jogar as imagens diferentes do clima com o uso, na pergunta alternativa do título, de palavras que também remetem à questão climática: *cloud*, *clear*, *air*. Na primeira parte do texto, em que o tema do efeito estufa é tratado, note a repetição de itens lexicais relacionados à ideia de aquecimento: *global **warming**, **heated** debate, **burning** of fossis fuels, **hot** air*. Observe também que *heated* está sendo usado metaforicamente e que *hot air* é uma expressão idiomática metafórica. São as palavras replicando o mesmo efeito causado pela imagem.

Agora, observe como o autor joga com a feliz coincidência do inglês de *ter*, nesse exemplo específico, verbo e substantivo idênticos, para, com a oração *Cloud the issue*, ao mesmo tempo, remeter à imagem concreta da nuvem e metaforizar sobre a questão importante do efeito estufa que está sendo *nublada*, ou encoberta. Observe também que a metáfora *cloud the issue* está adequada em inglês, bem como a colocação (que, além do sentido proposicional, também tem sentido metafórico) *clear the air*. Há ainda a aliteração – a repetição da consoante c, que é mais um elemento, o sonoro, usado no jogo semiótico do gênero em questão. Veja o efeito da tradução palavra por palavra em português: *Nublar a questão (Encobrir o tema) ou limpar o ar?* O que você diria de outras alternativas, mais criativas, remetendo a colocações do português, usadas na linguagem de clima: *Tempo nublado/encoberto (Tema nublado/encoberto) ou céu claro?* Haveria outras alternativas em que o elemento sonoro também fosse usado?

Quais seriam as suas alternativas para reforçar a ideia de aquecimento ao traduzir global warming, heated debate *e* burning of fossil fuels?

Você consultou seu dicionário e viu que *hot air* é uma expressão idiomática metafórica que ficou muito apropriada dentro do contexto do efeito estufa. Uma aluna sugeriu a expressão *fogo de palha* (que como o *hot air*, é usada no português informal e tem também valor expressivo, indicando a não aprovação de quem a usa) para manter o efeito da repetição lexical. Você também poderia tentar outras alternativas criativas.

Releia o texto 6.11 já apresentado no capítulo 5.

102 Traduzir com autonomia – estratégias para o tradutor em formação

Texto 6.11

"Congratulations, Mr. & Mrs. Bauer! It's a cardigan!" It was a match made in heaven: She loved the outdoors; he loved the outdoors. She loved fishing, skiing and camping; he loved fishing, skiing and camping. She played the ukulele; he, uh, well, he didn't. At any rate, it was Stine Bauer who, once she married Eddie in 1929, convinced him to carry comfortable, stylish women's clothing. He liked the idea so much, he hired her. (Nice guy.) The cardigan, at right, comes from our new line of women's clothing. You could say it's living proof that behind every great man is a great woman pulling the strings.

> Agora que você está sensibilizado para uma análise macrotextual e microtextual, no nível do léxico, reflita sobre as seguintes questões. A que gênero textual pertence este texto e que traços lexicais você pode reconhecer nele (pense no processo semiótico como um todo, lembrando-se dos elementos visuais, sonoros e linguísticos)? Qual é a função do léxico neste gênero textual?
>
> Observe a expressão idiomática metafórica *pulling the strings*. Você concorda que ela é ambígua, podendo ser interpretada tanto por meio do seu significado proposicional quanto do seu significado metafórico?

Se você está usando este livro em sala de aula, discuta as suas reflexões em grupos maiores; se está fazendo uso dele independentemente, procure um professor ou estudioso da área de tradução para esclarecer quaisquer dúvidas que possam surgir.

Não equivalência no nível gramatical

Vimos, anteriormente, os problemas que podem acontecer na tradução do par linguístico inglês/português em função da não equivalência no nível do léxico. Nesta seção, vamos abordar os problemas gerados pela não equivalência interlinguística no nível gramatical.

O léxico não é o único recurso que as línguas têm a oferecer aos seus usuários para que eles possam recortar e analisar a sua experiência de vida. A **gramática** também é um recurso da língua do qual o falante depende para atingir esse objetivo comunicativo. Um conhecimento apurado da gramática do par linguístico com que o tradutor trabalha é essencial para que ele possa desenvolver estratégias apropriadas de escolha dos recursos gramaticais que a língua de chegada lhe oferece para a reescrita dos recursos gramaticais da língua de partida.

O **sistema** gramatical de uma língua, ou conjunto de opções ou escolhas contrastivas, é estruturado em torno de duas dimensões, a dimensão da

morfologia e a dimensão da **sintaxe**. A morfologia cuida da estrutura interna das palavras enquanto a sintaxe cuida das combinações das palavras em grupos nominais, orações ou frases. É dentro da morfologia que teremos as opções de número, gênero e pessoa de substantivos e pronomes. Na sintaxe, as escolhas se concentram nas sequências lineares das classes de palavras (como substantivo, adjetivo, verbo e advérbio) e nos elementos funcionais da oração/frase como o sujeito, o predicado e o objeto.

Os falantes fazem suas escolhas dessas duas fontes de recursos, expressando-as no nível lexical e gramatical. O sistema de escolhas é mais fechado no nível gramatical, muitas vezes com opções apenas binárias (veja, por exemplo, a categoria gramatical de número – singular/plural – em português e inglês), enquanto no nível lexical a própria ideia de campo semântico já sugere uma gama de escolhas possíveis. As escolhas no nível gramatical são geralmente obrigatórias, sendo a estrutura gramatical de uma língua mais resistente à mudança que a sua estrutura lexical (embora manipulações dessa estrutura sejam aceitas em determinados gêneros textuais como a propaganda, a poesia e a piada).

Assim, é essencial que você esteja bastante familiarizado com a estrutura gramatical das línguas com as quais está trabalhando para desenvolver estratégias possíveis de escolhas quando os recortes gramaticais forem diferentes e sinalizarem na direção de problemas de equivalência. Vamos, então, trabalhar com alguns problemas gerados na tradução do inglês para o português por questões de recortes gramaticais diferentes dessas línguas.

> **Atividade 7**

Vimos, na atividade 1, um problema gerado pela categoria morfológica de gênero, que nos fará tomar uma determinada decisão ao traduzirmos *the spokeperson*. Em geral, é esse tipo de problema, de marcações genéricas diferentes, que o tradutor enfrentará com relação à tradução do inglês para o português.

Vamos explorar essa questão um pouco mais. Leia o excerto de texto 6.12. Trata-se de uma nota de rodapé, espaço antes considerado marginal ao texto, por ser hierarquicamente inferior em importância a este e, geralmente, dependente deste para ter coerência. Entretanto, a nota de rodapé que você vai ler constitui um todo coerente, com a definição de conceitos teóricos cruciais para o entendimento do ensaio, alguns com referência no texto anterior à própria nota, todos estes traços confirmando um estilo de escrita pós-moderno, desfazendo aquelas noções de hierarquia e dependência.

Texto 6.12

2 What kind of discourse is Latinamericanism anyway? I have been using the notion of "university" discourse to refer to it, which I take from Jacques Lacan, who studies it in the context of his so-called "four-discourses." According to Lacan, following a certain typology, any discursive formation can be understood through either one or several of the following categories: a discourse is either a **master**'s discourse, a university discourse, a **hysteric**'s discourse, or an **analyst**'s discourse. Lacan takes from Hegel the notion of the master's discourse. ... The **hysteric**'s discourse is the opposite of the university discourse. It constantly interrogates the **master** by asking **him** or **her** to show **his** or **her** stuff. What is decisive here is that the **hysteric** constantly interrogates the **master**, it "pushes the **master** to the point where **he** or **she** can find the **master**'s knowledge lacking"(134).

Nota de rodapé da versão digitada do ensaio Theoretical Fictions and Fatal Conceits: The Neolibidinal in Culture and the State, de Alberto Moreiras, traduzida por Magalhães, pela Editora Autêntica.

Alberto Moreiras é um teórico da área de Estudos Culturais que marca sua posição como tal para os leitores desta comunidade específica, especialmente as teóricas dos estudos feministas, ao valer-se da possibilidade de ausência da marca genérica do substantivo *master*, fazendo com que tanto o pronome *him* quanto o pronome *her* possam constituir-se como seus referentes no texto. Veja, nas alternativas de sentido que o *Cobuild* nos oferece para *master*, que esta palavra também é usada para se referir ao gênero feminino, desta forma, como provável reação ao sentido pejorativo que adquiriu a palavra *mistress*, em alguns contextos. Observe, além disso, que ele usa o substantivo *hysteric*, também sem marca de gênero, palavra ainda não dicionarizada, possivelmente introduzida no léxico inglês para suprir uma lacuna (o *Cobuild* apresenta os substantivos *hysteria* e *hysterics*, e o adjetivo *hysterical*).

Vejamos agora os problemas da tradução: *senhor* e *senhora* são substantivos marcados gramaticalmente para gênero em português; com os substantivos *histérico* e *histérica* a questão não é diferente. Pense nas mudanças linguísticas como fatos ideológicos: há alguns anos, antes da emergência dos estudos da mulher, nenhum tradutor(a) titubearia ao escolher *o senhor*, *a histérica* e *o analista* como traduções de *master*, *hysteric* e *analyst*.

Hoje, que estratégia usar, então, principalmente depois de se pensarem as escolhas do texto como representações de convenções ideológicas da área de estudos específica? Discuta com seu colega, após refletir sobre alternativas de tradução. Essas convenções trarão algum problema para o texto na língua de chegada?

> **Atividade 8**
>
> Volte ao texto publicitário "Cloud the issue or clear the air?" (figuras 6.3 e 6.4), prestando especial atenção à nota do pé da página direita da propaganda e às frases em que os pronomes nela referidos são usados. Reproduzimos aqui, para maior clareza, o Texto 6.13 com a seguinte nota de pé de página:

Texto 6.13

(Each Shell company is a separate and distinct entity. In this advertisement, the words "Shell", "we", "us" and "our" refer, in some places, to the Royal Dutch/Shell Group as a whole, and in others to an individual Shell company or companies, where no useful purpose is served by identifying the specific company or companies.)

Alguns linguistas críticos, como Roger Fowler e Gunther Kress, advogam que há significados sociais numa língua que podem ser reconhecidos precisamente por meio da sua estrutura lexical e sintática e que são articulados quando escrevemos ou falamos. Usando conceitos da gramática funcional, eles distinguem como **gramática da modalidade** as construções linguísticas que podem ser denominadas pragmáticas ou interpessoais. Essas construções expressam as atitudes dos falantes ou escritores em relação a si mesmos, aos seus interlocutores e ao assunto tratado; suas relações sociais e econômicas com as pessoas a que se dirigem e as ações que são desenvolvidas via linguagem (ordem, acusação, promessa, pedido).

Os pronomes pessoais fariam parte dessa gramática da modalidade. No nosso anúncio, o uso da forma plural do pronome de primeira pessoa representa o que os dois analistas críticos do discurso chamam de **nós corporativo**, extensão do **nós exclusivo**: o texto fala por uma organização, diferenciando-a do leitor, mas ainda personalizando essa organização. Eles enfatizam que esse uso do pronome é suspeito, uma vez que os indivíduos aos quais se refere não podem ser identificados; além disso, seu efeito é alienante: se ele exclui o leitor, pode ser transformado no *eles* institucional, de tal forma que uma frase como "*Nós* sabemos o que é melhor para você" é imediatamente percebida como "*Eles* acham que podem nos intimidar".

Parece que esse tipo de análise não é totalmente desconhecida de quem escreve o texto pela Shell, tanto assim que se tenta abrandar o uso corporativo do nome da empresa e do *nós* com uma tentativa de explicação na nota mencionada acima. Tentativa apenas, pois nada mais faz que replicar o anonimato dos indivíduos, continuando o processo de alienação do leitor das ações desenvolvidas pela Shell. Entretanto, o efeito que pode ficar para o leitor desavisado é o de satisfação com a explicação dada.

Vejamos que problemas o pronome *we* (interpretado com o espírito crítico que os dois pesquisadores nos ajudam a ter) pode gerar ao ser traduzido para o português. Sabemos que, enquanto no inglês a forma verbal não é marcada para pessoa, o que torna obrigatório o uso do pronome, em português a maioria das formas verbais têm um **morfema**, ou elemento formal de significado menor que a palavra, que traz a marca gramatical de pessoa, tornando redundante o uso do pronome pessoal. Observe o que acontece se tentarmos traduzir a frase apresentada no texto 6.14, sempre preenchendo o espaço do pronome, à maneira do texto 6.15:

Texto 6.14

"We'll go to the refugee center and register. We are not refugees, because we are in our own country. But we'll be living on humanitarian aid." A Serbian refugee near Merdare, on how they will survive now.

Newsweek (Perspectives), June 28, 1999.

Texto 6.15

"*Nós* va*mos* ao centro de refugiados e *nos* registra*mos*. *Nós* não so*mos* refugiados, porque *nós* esta*mos* no *nosso* próprio país. Mas *nós* estare*mos* vivendo de ajuda humanitária." Um refugiado sérvio próximo a Merdare, a respeito de como eles sobreviverão agora.

Observe como a repetição da marca de pessoa torna a frase estranha em português. Assim sendo, reflita sobre as seguintes questões: você simplesmente omitiria, na sua tradução da nota do texto publicitário, o pronome pessoal *nós*, que poderia ser considerado redundante se usado com as formas verbais *renovamos*, *estamos* trabalhando, especialmente se levarmos em conta que o texto faz uso do pronome adjetivo *nosso* duas vezes no mesmo grupo nominal (*nosso compromisso*)? Lembre-se de que a omissão dos pronomes implicará também a alteração ou até omissão da nota de pé de página do anúncio. Como ficaria, então, a questão da exclusão do leitor do processo e o consequente controle da situação que a Shell assume, uma das possibilidades de interpretação que deveríamos deixar aberta para os nossos leitores?

Atividade 9

A forma verbal, na maioria das línguas que têm as categorias gramaticais de **tempo** e **aspecto**, geralmente indica dois tipos de informação: as relações temporais, que têm a ver com a localização de um evento no tempo (passado, presente ou futuro), e as diferenças de aspecto, que dizem respeito à distribuição temporal de um evento, por exemplo, se ele foi completado ou não, sua continuação ou efemeridade.

> O sistema de aspecto desenvolve-se de maneira diferenciada no inglês e no português; um exemplo disso é o uso efetivo do *present perfect* no inglês. Leia o texto contido na figura 6.5 e decida qual é a distribuição do evento indicado nas frases em negrito no tempo.

Figura 6.5

Women Right Now
GIRLS CAN HAVE FUN-ALONE

REMEMBER WHEN IT WAS DAUNTING TO dine out by yourself, or go out at night solo? American women are over it. A *Glamour* poll of 100 women discovered that:

79% of women have eaten alone in a restaurant-most for dinner and most in their hometown.

"I cook a lot, so when a I need a break from that I take myself out," explains Cynthia Mickschl, 23, of Torrance, California. "I don't just go to a fast food place – I treat myself to a nice café."

62% have gone to the movies alone-most at night, and most on a weekend.

"I'm always uncomfortable watching sensual, sexy movies with my family and friends," says Kim Kaan, 25, of Glendale, Arizona. "I'd rather go alone." Seattle resident Kelly Neumeister, 28, recalls one of hers solo movie experiences: "While I was passing three women to get into a row, one of them hissed, 'No one with you? Are you alone?' I felt like telling her not everyone has to drag two friends along to feel secure."

52% have bought condoms alone.

"My boyfriend was getting annoyed that he always had to buy the condoms, so I decided I'd go get some myself," says Margaret Park, 24, of Philadelphia. "I bought five packs – a whole variety to experiment with!"

26% have gone to a bar/nightclub alone.

"I'm not the kind of person who'll sit home just because my roommates don't feel like going out – I have my own plans," explains Ivelisse Estrada, 24, of Boston. "Besides, it's easier to meet people when you're alone. You're forced to talk to someone you don't know."

Table for one, please: Cynthia Mickschl, 23

Glamour, July, 1997.

–Alyssa Vitrano

108 Traduzir com autonomia – estratégias para o tradutor em formação

Se você respondeu que o uso do *present perfect*, nessas frases, indica relato de experiências, muito bem! Traduza as frases para o português e observe se será possível marcar essa distribuição, sem tornar o seu texto pouco natural para os seus leitores. Parece que a melhor alternativa é mesmo o presente do indicativo, uma vez que o tempo composto equivalente ao pretérito não é usado fluentemente em português.

Com relação à voz, é importante que você tenha em mente a frequência de uso da voz ativa e passiva e estruturas semelhantes nas línguas de partida e de chegada, e seus valores estilísticos nos diferentes gêneros textuais. Mais importante que perceber a forma das vozes verbais e estruturas similares é perceber a sua função em cada língua. Traduzir voz ativa por passiva ou vice-versa pode afetar a informação dada na frase, o arranjo linear dos elementos semânticos e o foco da mensagem, como bem lembra a teórica Mona Baker.

Leia os textos 6.16 e 6.17:

Texto 6.16

SHOES THAT *WALKED* THE EARTH 8,000 YEARS AGO

Trata-se de título do gênero textual denominado artigo científico e publicado na seção The Science Times, na página do *New York Times*, na internet. O gênero textual artigo científico destinado a um público leigo, estudado por Adriana Pagano, se apropria de elementos próprios da narrativa, como por exemplo a criação de personagens. No caso do texto em questão, uma personagem importante são os *sapatos*, personificados e agentes da ação de *caminhar sobre a terra*. Há várias escolhas lexicais e sintáticas no texto para direcionar o foco para os sapatos como personagens dessa aventura arqueológica, entre elas:

Texto 6.17

Several of the shoes are woven from the leaves of a yucca-like plant known as rattlesnake master because *it is supposed* to be an antidote to snake venom. The two *youngest* items in the collection, however, are moccasins made of deerskin.

Though these materials are perishable, the shoes *survived* because of the dry and constant conditions in the cave, known as the Arnold Research Cave.

Observe as escolhas lexicais *youngest* e *survived* cujo significado pressuposto faz com que, geralmente, esperemos um sujeito humano ao qual sejam atribuídas.

> Analise agora, no texto 6.18, a tradução do título e do trecho do artigo, feita por um tradutor profissional:

Texto 6.18

ENCONTRADOS SAPATOS DE 8 MIL ANOS

Muitos dos sapatos encontrados foram tecidos com as folhas de uma planta semelhante à iúca, conhecida como "vence cascavel", porque seria um antídoto contra o veneno da cobra. As duas peças mais *novas* da coleção, entretanto, são mocassins feitos de pele de veado.

Apesar desses materiais serem perecíveis, os sapatos se *conservaram* por causa das condições climáticas dentro da caverna, conhecida como Arnold Research Cave: ambiente seco e de temperatura ambiente.

No caso do título, os sapatos, antes agentes humanos da ação de andar pela terra, passam a ser uma entidade inanimada, afetada pela ação de encontrar (foram encontrados por alguém). Passam também a ser as peças mais *novas*, em vez de mais *jovens*, e não *sobrevivem* ao tempo mas *se conservam* (passiva reflexiva). Não vamos entrar no mérito das escolhas feitas pelo tradutor que, certamente, serão explicadas à luz de um estudo crítico que levará em conta um contexto social mais amplo em que a tradução funciona como prática social. Reflita apenas nas mudanças que a tradução está impingindo ao gênero em questão.

> De que maneira o efeito pretendido pelo gênero textual da língua de partida será transformado pela tradução ao se despersonificarem e passivizarem os sapatos, tirando sua condição de personagens e agentes dessa história arqueológica?
>
> Observe também a construção passiva *it is supposed*, do texto fonte. É uma construção gramatical que não encontra equivalente um a um em português. Veja a alternativa na proposta de tradução dada. Você poderia pensar em outra alternativa? Pesquise e discuta a questão com o seu colega, na sala de aula, ou com um estudioso da área de tradução, se estiver fazendo uso autônomo deste livro.

Atividade 10

Nesta atividade, vamos trabalhar com a questão do arranjo das palavras em grupos nominais. Comecemos pela ordem das palavras em grupos nominais menores, aqueles compostos de um **núcleo** e um **determinante**, em especial o caso de grupos compostos por substantivo + adjetivo. Sabemos que a ordem desse grupo em inglês é fixa e, geralmente, inversa à ordem usual do português. Enquanto no inglês teremos quase sempre adjetivo + substantivo, em português é comum a

110 Traduzir com autonomia – estratégias para o tradutor em formação

ocorrência das duas possibilidades. Entretanto, a ordem adjetivo + substantivo é mais marcada que a ordem substantivo + adjetivo, podendo o determinante, ou adjetivo, adquirir significados diferentes, dependendo dessa ordem (lembre-se do exemplo clássico da *boa aluna* e da *aluna boa*). Alguns pesquisadores da tradução têm trabalhado com a comparação de textos de partida com sua tradução e chegado à conclusão de que há uma incidência forte de problemas de tradução por influência da sintaxe da língua de partida sobre a sintaxe da língua de chegada.

> Leia, nos textos 6.19 a 6.22, os trechos de tradução feitos por alunos no primeiro semestre de treinamento em tradução.

Texto 6.19

Um renomado cientista (alguém disse que foi Bertrand Russell) uma vez apresentou uma conferência pública sobre astronomia.

Texto 6.20

Burton começou uma blitz para instalar alguns de seus nomes na rua principal em filiais da cadeia de lojas de departamentos da **Debenhams**, que acabou de adquirir, apesar do controverso conceito de "galeria".

Texto 6.21

Ele é muito jovem para se lembrar que este período inclui também a era dourada do teatro de revista e que duas das favoritas piadas da época eram uma sobre a biblioteca que mantinha o horário dos trens na seção de ficção e uma sobre o homem que tentou cometer suicídio deitando-se nos trilhos da Southern Railway e morreu de fome.

Texto 6.22

Eu quero uma muito bem paga profissão quando eu tiver saído daqui!

> Marque os grupos nominais compostos por substantivo + adjetivo e vice-versa, tentando verificar a sua fluência em português. Identifique que tipo de influência da língua de partida está ocorrendo com aqueles grupos pouco convencionais em português.

Os gêneros textuais, tais como artigo científico publicado em periódico especializado, além de outros, apresentam, usualmente, grupos nominais mais complexos, com um núcleo e vários determinantes. Esses gêneros geralmente contêm muitas informações que devem ser condensadas o máximo possível, pois os dois dependem da sua capacidade de síntese para a sua comunicação efetiva com o leitor. A estratégia a ser desenvolvida para a tradução desses grupos complexos é, em primeiro lugar, identificar o núcleo, que será sempre um substantivo e virá usualmente em último lugar na cadeia de palavras. Volte ao texto "Nodulation of Acacia Species by Fast-and Slow-Growing Tropical Strains of Rhizobium" e ao texto "Cloud the issue or clear the air?". Marque os grupos nominais complexos. Ligando a discussão da seção anterior sobre os problemas de tradução do léxico com a presente discussão dos problemas de arranjo das palavras nos grupos nominais, proponha alternativas de tradução para esses grupos. Dois exemplos são dados para incentivá-lo nesta tarefa:

1) Effective nodulation response patterns.
2) Cleaner burning natural gas.

Conclusão

Neste capítulo, além do papel do astrônomo, fizemos também o papel do cientista que faz a sua análise microscópica dos textos, identificando traços menores que, entretanto, são parte integrante da harmonia do todo, visualizada anteriormente pela análise macroscópica. O objetivo foi conscientizá-lo de que ambas as análises são cruciais no processo de tradução, para que o tradutor possa desenvolver estratégias adequadas e fazer as suas escolhas visando produzir um texto de chegada aceitável por seus leitores.

Concentramos nossa discussão nos problemas de tradução gerados pela não equivalência palavra por palavra em dois níveis: o nível lexical e o nível gramatical. No nível do léxico, você pôde observar como as palavras podem assumir significados diferentes, dependendo do cotexto e do contexto geral. Você também observou como o léxico de uma língua é construído em torno de seleções e convenções, metafóricas ou não, que restringem o uso das palavras no ato de comunicação. No nível gramatical, concentramos nossos esforços em questões que regem a morfologia e a sintaxe da língua, desde a função dos morfemas, até a função da ordem das palavras na frase.

A partir dessa conscientização, nossa expectativa é que você, desde já, passe a abordar os vários textos não só com o olhar harmônico do astrônomo mas também com o olhar perscrutador e crítico do cientista, que fragmenta sem nunca perder de vista a unidade. Com essa perspectiva em mente, você terá de fato iniciado o seu processo de escolha consciente e efetiva de estratégias adequadas para a sua trajetória de recriação de textos.

Leituras complementares

Caso você queira se aprofundar um pouco mais nas questões teóricas tratadas neste capítulo, recomendamos uma leitura cuidadosa dos livros e artigos:

AIXELÁ, J. Specific cultural items and their translation. In: JANSEN, P. (Ed.). *Translation and the manipulation of discourse.* Leuven: CERA, 1995. p. 109-123.

CARTER, R., MCCARTHY, M. *Vocabulary and language teaching.* London and New York: Longman, 1988.

COLLINS COBUILD ENGLISH GRAMMAR. London & Glasgow: Collins, 1990.

COLLINS COBUILD ENGLISH LANGUAGE DICTIONARY. London: Harper Collins Publishers, 1990.

FOWLER, R., KRESS, G. Critical Linguistics. In: FOWLER,R. et alii. *Language and control.* London, Boston and Henley: Routledge & Kegan Paul, 1979. p. 185-213.

LAKOFF, G., JOHNSON, M. *Metaphors we live by.* Chicago & London: The University of Chicago Press, 1980.

LEWIS, M. *Implementing the lexical approach: putting theory into practice.* Hove, Eng.: Language Teaching Publications, 1997.

LOCK, G. *Functional English Grammar: an introduction for second language teachers.* Cambridge: Cambridge University Press, 1996.

NAIPUL, V. S. *The enigma of arrival.* New York: Vintage Books, 1988.

NOVO DICIONÁRIO AURÉLIO DA LÍNGUA PORTUGUESA. 2. ed. rev. amp. Rio de Janeiro: Nova Fronteira, 1986.

PAGANO, A. Genes, ovelhas e discos compactos: alguns aspectos das reescritas de descobertas científicas. In: MACHADO, I., CRUZ, A., LYZARDO-DIAS, D. (Org.). *Teorias e práticas discursivas: estudos em Análise do Discurso.* Belo Horizonte: FALE/ UFMG, Editora Carol Borges, 1998, p. 55-72.

THE BBI DICTIONARY OF ENGLISH WORD COMBINATIONS. Amsterdam and Philadelphia: John Benjamins Publishing Co., 1997.

VINAY, J. P., DARBELNET, J. Stylistique comparée du Français et de L'anglais. Paris: Didier, 1957.

7
Um modelo didático do processo tradutório
a integração de estratégias de tradução

Fábio Alves

Objetivos

Neste capítulo, vamos abordar os seguintes aspectos:
• Uma proposta de integração das estratégias de tradução apresentadas anteriormente;
• As etapas processuais em curso durante o trabalho tradutório;
• A apresentação de um modelo didático do processo tradutório;
• Exercícios de tradução com vistas a uma maior conscientização e autonomia.

Considerações teóricas

Chegamos finalmente ao último capítulo do nosso livro. Vimos ao longo dos seis capítulos anteriores possibilidades diferenciadas de explorarmos o processo de tradução. Partimos, no capítulo 1, das crenças a respeito da tradução e do tradutor e de uma visão geral do que seriam estratégias de tradução, e passamos, nos capítulos seguintes, a segmentar, monitorar e processar o ato de traduzir a fim de analisar e compreender a somatória complexa das diferentes etapas que compõem o processo de tradução. Abordamos as unidades de tradução (capítulo 2), as estratégias de apoio externo (capítulo 3) e de apoio interno (capítulo 4), assim como as estratégias de análise macro e microtextuais (capítulos 5 e 6). Enfocamos o ato de traduzir como uma tarefa de coordenadas múltiplas, em constante mutação, que reafirma a necessidade de se trabalhar a tradução de acordo com as características de aprendizagem individuais e os mecanismos de operação cognitiva dos tradutores em formação. Agora, no capítulo 7, vamos procurar integrar todas essas propostas por meio da apresentação de um modelo didático do processo tradutório. Visualizando suas várias etapas, queremos deixar clara a complexidade do processo tradutório e ressaltar a consequente necessidade de se tratar o ato de traduzir como uma tarefa complexa.

Acreditamos que para traduzir adequadamente é necessário que o tradutor aumente o nível de reflexão sobre a natureza e os aspectos cognitivos da tradução. Consequentemente, este fato vai contribuir efetivamente para um aumento significativo na qualidade de suas traduções.

Para podermos alcançar tal objetivo, vamos tomar como ponto de partida um modelo do processo tradutório apresentado pelo teórico alemão Frank Königs. Nesse modelo, as atividades de tradução são agrupadas em dois grandes blocos: o Bloco Automático (Adhoc-Block) e o Bloco Reflexivo (Rest-Block). Königs (1987) segmenta o processo tradutório em uma primeira etapa, previamente internalizada, que chama de Bloco Automático (BA) e, em uma outra etapa restante, chamada de Bloco Reflexivo (BR), na qual ocorrem as reflexões e as tomadas de decisão por parte do tradutor. O modelo pode ser apresentado de forma resumida na figura 7.1:

Figura 7.1

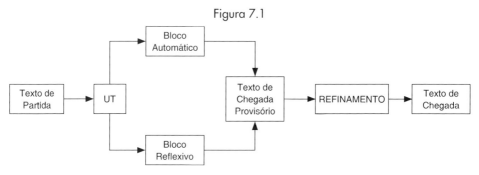

O Bloco Automático contém as UTs para as quais o tradutor já dispõe de uma equivalência preestabelecida. Vejamos como isso ocorre por meio de um exemplo bem simples. Leia a sentença a seguir, em inglês, e procure traduzi-la para o português.

He's home.

Você provavelmente traduziu a sentença acima como "Ele está em casa". Está certo. Observe, porém, que existem várias decisões de tradução previamente internalizadas, ou seja, *he* como pronome pessoal masculino para a terceira pessoa do singular "ele", *is* como "está" e não como "é" devido à expressão *to be home* querer dizer "estar em casa" em português etc. Todas estas questões haviam sido previamente resolvidas e, por isso, podem ser processadas automaticamente.

Königs diz que essas equivalências são, contudo, muito resistentes a mudanças. Muitas vezes, segundo ele, o tradutor comete um erro de tradução nesse bloco e não o modifica por não mais refletir sobre a sua tradução. Vejamos novamente um exemplo bastante simples em inglês.

She's just sixteen.

Caso você não esteja atento para as relações implícitas nesse enunciado, terá provavelmente problemas em transformar o verbo *to be* em "ter" já que em português a relação de idade é expressa com esse verbo, ou seja, "Ela tem apenas dezesseis anos". Muitas vezes, por não refletir sobre uma determinada UT, o tradutor comete um erro e não mais o corrige. Você terá a oportunidade de observar ocorrências desse tipo com os exemplos que apresentamos na página 111.

Todas as outras UTs, cujo processamento necessita de reflexão por parte do tradutor, incluem-se no Bloco Reflexivo.

Contudo, esta divisão parece-nos bastante simplista. Ela apresenta limitações didáticas por não fornecer ao tradutor em formação detalhes mais específicos do que realmente acontece em sua mente ao operar no Bloco Reflexivo, ou seja, na parte operacionalmente mais complexa do processo tradutório. Justamente por isso, o modelo que aqui apresentamos (proposto em Alves, 1997) explora os processos tradutórios que ocorrem no Bloco Reflexivo.

Em sua primeira etapa, nosso modelo reformula a divisão proposta por Königs para sensibilizar e conscientizar o tradutor em formação e, para fins didáticos, divide o processo tradutório em sete etapas processuais: (1) Automatização, (2) Bloqueio Processual, (3) Apoio Interno, (4) Apoio Externo, (5) Combinação de Apoios Interno e Externo, (6) Priorização e Omissão de Informações e (7) Aperfeiçoamento do Texto de Chegada.

Como vimos no capítulo 2, as diferentes etapas do processo tradutório têm início com a escolha de uma UT. Pelo modelo que apresentamos abaixo, o tradutor vai percorrer um caminho individual, dividido em etapas processuais, a partir dessa escolha. Vamos examinar a seguir cada uma dessas fases:

(1) Automatização

Quando se pensa em tradução, pode-se pensar inicialmente em uma equivalência 1:1 entre as línguas de partida e de chegada. Se assim fosse, haveria sempre um equivalente na língua de chegada para a UT escolhida na língua de partida. Consequentemente, o ato de traduzir seria rápido e simples. Contudo, sabemos que isto não acontece desta forma. Você já pôde perceber, desenvolvendo as atividades ao longo deste livro, que a tradução se revela cheia de meandros e complexidades. É importante que você esteja consciente que uma boa tradução não é necessariamente uma tradução rápida. Pesquisas de cunho psicolinguístico (cf. Königs 1996, Lörscher 1991) demonstram que os automatismos, isto é, o que acontece no Bloco Automático, representam, em média, apenas uma pequena parcela percentual da totalidade de UTs em um texto a ser traduzido. Como dissemos acima, na grande maioria das vezes esses automatismos são extremamente resistentes a mudanças, resultando em traduções com características de fraca contextualização na situação de comunicação de chegada. Devemos, portanto, estar atentos às decisões de tradução processadas desta maneira.

(2) Bloqueio Processual

Antes de passarmos a segunda parte do modelo, que explora o que acontece no Bloco Reflexivo, é preciso que fique claro para você a importância da dicotomia automatização *versus* reflexão. Quando o tradutor não encontra uma correspondência automática para uma determinada UT no Bloco Automático e, ao mesmo tempo, não consegue operar essa UT no Bloco Reflexivo – por falta de competência linguística ou de competência tradutória – o processo tradutório entra em um círculo vicioso, ou seja, você, como tradutor, fica rodando em círculos sem conseguir encontrar uma solução para realizar sua tradução. Por não conseguir solucioná-la, este tipo de situação leva o tradutor a eliminar a UT do processo tradutório. Em casos extremos, esta situação pode levar, até mesmo, à interrupção de todo o processo tradutório. O que vamos abordar, a seguir, dando continuidade ao que mencionamos no capítulo 1, são estratégias para evitar esse bloqueio. Queremos fornecer a você indicadores de como processar a sua tradução de forma mais adequada.

Trabalhando no Bloco Reflexivo

Como você já deve ter percebido, defendemos a ideia de que a maior parte do processo tradutório ocorre por meio de apoios múltiplos do sistema cognitivo. Em outras palavras, para traduzir precisamos combinar estratégias diferentes e integrá-las para poder, assim, tomar uma decisão de tradução. Vamos, então, começar a explorar essas diferentes etapas do processo tradutório no Bloco Reflexivo. O diagrama de fluxo que apresentamos na página 214 não considera um possível bloqueio processual e expande as etapas do Bloco Reflexivo com a inclusão de cinco outras etapas processuais: apoio externo, apoio interno, combinações de apoio externo e interno, priorização e omissão de informações e aperfeiçoamento do texto de chegada.

(3) Apoio Externo

Muitas vezes o tradutor desconhece totalmente a UT a ser traduzida. Nesses casos, pode, porém, valer-se de apoio externo para processá-la. Trata-se aqui de uma operação envolvendo conhecimentos procedimentais, ou seja, estratégias sobre como e onde procurar soluções para informações não disponíveis. Como vimos no capítulo 3, o tradutor deve adquirir a capacidade de operar instrumentos externos que o ajudem na tarefa de traduzir. Sem conseguir uma solução para o problema gerado no decorrer do processo tradutório, o tradutor passa a utilizar-se de fontes de apoio externo, tais como dicionários, sites na internet, enciclopédias e outras obras de consulta, glossários, literatura técnica especializada, textos paralelos etc. Além desses recursos, o tradutor dispõe ainda de outras fontes de consulta direta, ou seja, informantes, tais como falantes nativos, tradutores mais experientes, especialistas técnicos etc.

(4) Apoio Interno

Entendemos por apoio interno as operações mentais que envolvem os conhecimentos prévios do tradutor. Ele pode recuperar informações previamente armazenada na memória ou utilizar-se de processos inferenciais para chegar a uma decisão de tradução. Quando o apoio interno tem como base o processamento de conhecimentos já disponíveis, dizemos que houve recuperação de memória previamente armazenada. Nos outros casos, em que o tradutor não dispõe de conhecimentos prévios, a UT precisa ser processada por meio de mecanismos inferenciais que se apoiam em toda a bagagem de conhecimentos do tradutor. Sendo assim, temos dois tipos de apoio interno: um tipo de apoio interno, com a recuperação de memória para a tradução de uma UT já conhecida; e um outro tipo de apoio interno, sem recuperação de memória e sem conhecimento anterior da UT em questão. Há muitas possibilidades de processamento entre as UTs desse segundo tipo. Vimos no capítulo 4 que é possível trabalhar com tipos de inferências, tais como inferências locais e inferências demonstrativas ou, por outro lado, inferências globais e inferências não demonstrativas. Sabemos também que ocorrem nesta fase as associações, os jogos de palavras, os momentos de imaginação, inspiração e intuição que são tão importantes e, até mesmo, vitais para o processo tradutório. No decorrer do processo tradutório, esses instantes, às vezes tão fugazes, representam o amadurecimento e a frutificação de processos inferenciais.

(5) Combinações de Apoio Externo e Interno

Geralmente um problema de tradução exige combinações de apoio externo e interno para sua solução. O tradutor precisa aprender a navegar entre esses tipos de operação, utilizando-se das estratégias que mencionamos nos capítulos 3 e 4. Por meio da própria experiência, o tradutor aprende a reconhecer quando uma destas fontes de apoio se esgotou e passa, então, a utilizar, alternativamente, os recursos de um outro tipo de processamento cognitivo. Assim, é possível alternar recursivamente entre esses dois tipos de apoio e utilizá-los paralelamente para dar continuidade ao processo tradutório.

(6) Priorização e Omissão de Informações

Chega-se, então, a uma etapa em que o processo tradutório entra em uma fase de tomadas de decisão. Nesse momento, o tradutor precisa saber trabalhar com a priorização e a omissão das informações contidas no texto de partida para poder decidir como transpô-las para o texto de chegada. Para tanto, o tradutor precisa valer-se de seus conhecimentos sobre as características macro e microtextuais que abordamos nos capítulos 5 e 6. É nessa fase que as decisões de tradução são realmente tomadas. Poderíamos dizer que o tradutor decide com o intuito de obter o maior efeito contextual com o menor esforço processual possível. O tradutor procura estabelecer uma inter-relação entre o texto e a língua de partida e o texto e a língua de chegada. O resultado dessa inter-relação é a priorização de algumas informações mais relevantes em detrimento da omissão de informações menos relevantes. Nesta fase, o tradutor depende fundamentalmente de suas estratégias para adequar suas decisões de tradução tendo em vista a relevância da UT que está sendo processada.

(7) Aperfeiçoamento do Texto de Chegada

Finalmente, em sua última etapa (veja a figura 7.2), o modelo prevê a possibilidade de o tradutor revisar todo o processo tradutório, reiniciando a tradução se assim o desejar ou, simplesmente, aperfeiçoando as UTs que ainda considera insatisfatórias.

Podemos postular, com a somatória dessas etapas processuais, um modelo de fluxo como o que apresentamos a seguir. Este modelo não está sendo imposto prescritivamente. Trata-se do resultado final de uma longa pesquisa com tradutores portugueses e brasileiros que tinha por objetivo analisar as peculiaridades individuais do processo tradutório. Portanto, o modelo tem o propósito de servir a fins didáticos e procura descrever, de forma múltipla e individualizada, as possibilidades de configuração do ato de traduzir. Sendo assim, o modelo não deve ser analisado como um retrato psicolinguístico do processo tradutório mas como uma descrição dos possíveis caminhos que percorremos ao traduzir.

Figura 7.2

Modelo do Processo Tradutório (cf. Alves, 1997:28)

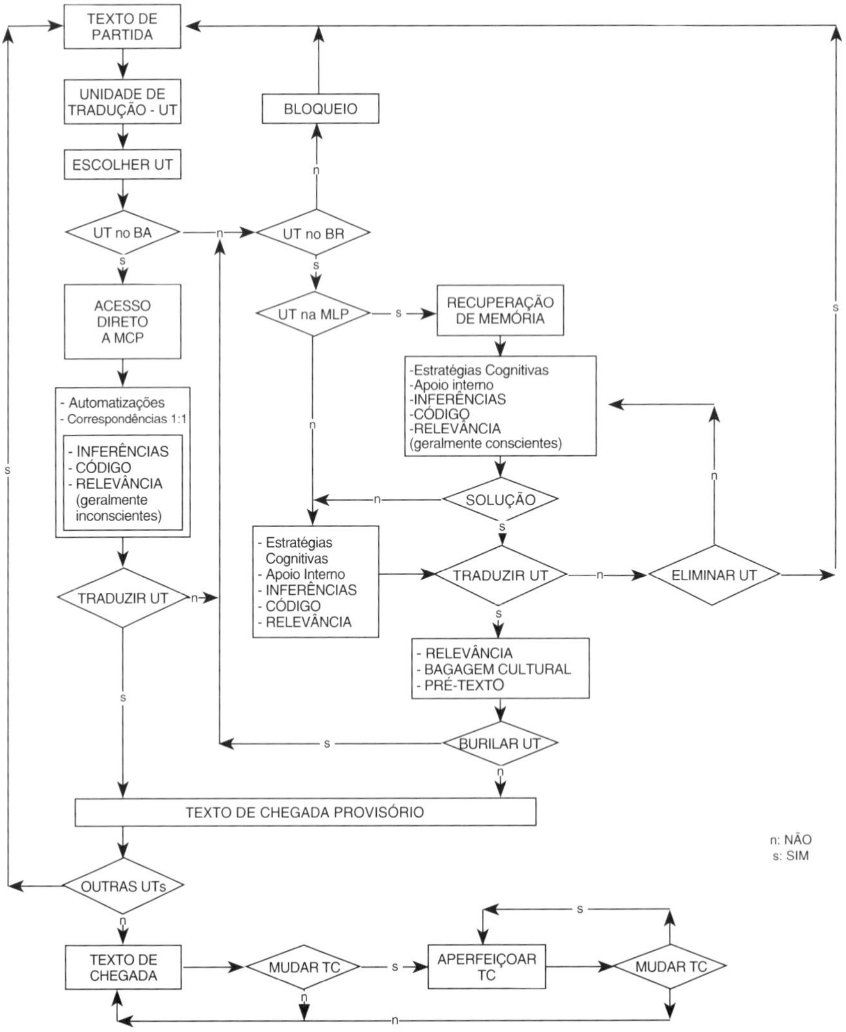

Vejamos, agora, como utilizar o modelo apresentado anteriormente. Os retângulos indicam as diferentes etapas do processo tradutório; representam as fases que descrevemos a respeito dos tópicos de (1) a (7). Os losangos, por sua vez, indicam os momentos em que você precisa tomar uma decisão de tradução. Perceba que eles estão sempre acompanhados pela alternativas SIM e NÃO. As setas indicam as direções que você pode seguir após ter tomado sua decisão.

Vamos dar-lhe um exemplo hipotético de possíveis passos a serem seguidos a fim de processar uma UT. Lembre-se de que esses passos têm lugar no nosso raciocínio e que, muitas vezes, envolvem apenas alguns poucos segundos de processamento.

Inicialmente, o tradutor escolhe uma determinada UT no Texto de Partida (TP). A seguir, pergunta-se se essa UT está no Bloco Automático (BA). Em caso positivo, o tradutor tem acesso direto à memória de curto prazo (MCP), geralmente de forma inconsciente, e às automatizações e correspondências previamente estabelecidas. Dando continuidade ao processo, o tradutor pergunta-se novamente se deve traduzir automaticamente esta UT. Se a resposta for positiva, ele efetua a tradução e a transfere para o Texto de Chegada Provisório (TCP), e dá por encerrada a fase (1) do modelo. Caso a resposta seja negativa, o tradutor remete a UT de volta ao processo.

Quando o tradutor responder a si mesmo que a UT não se encontra no BA, deve, então, perguntar-se se ela está no BR (Bloco Reflexivo). Se a resposta for negativa, o processo entra em um círculo vicioso com o tradutor perguntando-se repetidamente onde a UT se inclui no decorrer do processo tradutório. Não conseguindo responder a pergunta, o processo tradutório fica bloqueado até a eliminação da UT. Temos aqui a fase (2) do modelo que, em casos extremos, pode levar ao bloqueio total do processo tradutório.

Para nós, porém, o processo continua em andamento e o tradutor situa a UT no BR. Deve, agora, perguntar-se se a UT se encontra em sua memória de longo prazo (MLP). Se a resposta for negativa, o tradutor trabalhará com apoio externo como mencionamos ao explicar a fase (3) do modelo. Se a resposta for afirmativa, o tradutor processará a UT, geralmente de forma consciente, por meio do apoio interno que constitui a fase (4) do modelo. Em ambos os casos o tradutor estará trabalhando com estratégias cognitivas. Utilizará seus conhecimentos de regras de coesão e coerência textuais e de suas percepções sobre as características macro e microtextuais a serem processadas. Ao responder negativamente a pergunta seguinte – SOLUÇÃO? – o tradutor pode estabelecer combinações diferenciadas entre o apoio externo e interno conforme postulado pela fase (5) do modelo.

A pergunta seguinte – TRADUZIR? –, se respondida afirmativamente, leva o tradutor a priorizar informações; se respondida negativamente, leva o tradutor a omitir conscientemente a UT de seu Texto de Chegada (TC). Os retângulos com as perguntas – TRADUZIR UT? e ELIMINAR UT? – direcionam, então, a priorização e a omissão de informações como previsto pela fase (6) do modelo.

Finalmente, o tradutor pergunta-se se deve ainda aperfeiçoar a UT. Caso esteja satisfeito, transfere-a para o TCP. Caso contrário, pode reiniciar todo o processo na forma como explicamos na fase (7).

Você deve ter percebido que incluímos referências a inferências, código (linguístico) e relevância em várias etapas do processo. Nos capítulos 4, 5 e 6 examinamos algumas possibilidades sobre como nos valermos delas para traduzir. Incluímos também referências a pré-texto e a bagagem cultural. Você deve se lembrar de que mencionamos anteriormente que elas constituem as ferramentas cognitivas que possibilitam ao tradutor processar as informações linguísticas contidas no texto de partida e contextualizá-las no texto de chegada.

A partir do TCP, o modelo possibilita ainda que novas perguntas sejam feitas pelo tradutor. Assim, caso seja necessário, o tradutor pode colocar o processo tradutório novamente em marcha repetindo todos os passos anteriores.

Parece-lhe que o processo tradutório não tem fim? Isso é verdade! Cabe ao tradutor determinar o momento em que se dá por satisfeito e encerra conscientemente o processo tradutório. Como diriam muitos: "Se voltasse ao texto amanhã, faria tudo diferente".

É relevante ressaltar, mais uma vez, que você vai percorrer o diagrama de forma totalmente individual. Vai perceber que os caminhos são múltiplos, que é possível retroceder, fazer combinações entre etapas, etc. O importante é que você procure se conscientizar sobre a maneira como faz suas traduções. Uma alternativa muito produtiva é tentar pensar em voz alta, ou seja, verbalizar o que você faz ao traduzir e gravar suas falas em uma fita cassete. Após terminar sua tradução, você pode escutar suas verbalizações e tentar seguir seus passos usando o modelo que apresentamos como acompanhamento. Antes de fazer isso, vamos, primeiramente, desenvolver duas atividades mais específicas e tentar essa sugestão mais tarde.

Atividade 1

Esta primeira atividade requer apenas seu acompanhamento. Apresentamos abaixo relatos de traduções de quatro UTs feitas por quatro informantes diferentes. Foram feitos por alunos da Faculdade de Letras da Universidade Federal de Minas Gerais que cursaram a disciplina Tradução: Inglês no primeiro semestre de 1996. Esses relatos foram obtidos por meio das gravações de traduções feitas pelos informantes que procuravam "pensar em voz alta" na medida em que iam traduzindo. Trata-se de UTs encontradas na primeira página do primeiro capítulo do livro *Pride and prejudice* de Jane Austen e que foram escolhidas aleatoriamente entre o *corpus* de um projeto de pesquisa e ensino (cf. Alves, 1997). As frases a seguir, em inglês e em itálico, são seguidas por suas traduções para o português, como foram relatadas pelos informantes.

No texto de partida lê-se:

(1) *"He replied that he had not."*

O informante (1ª) disse:

"Ele disse que não havia sido informado, ou então, ele respondeu que não havia tido notícias. Dá as duas..."

No texto de partida, lê-se:

(2) *"And she told me about it...."*

O informante (2ª) disse:

"E ela me disse tudo. E ela me contou tudo. Não sei o que colocar."

No texto de partida, lê-se:

(3) *"Mr. Bennet made no answer."*

O informante (3ª) disse:

"Ele não disse nada. Ele não deu resposta alguma. Mr. Bennet não disse nada. Eu vou colocando essas coisas aqui. Depois eu decido."

No texto de partida, lê-se:

(4) *"He was so much delighted with it.."*

O informante (4ª) disse:

"Ficou tão encantado. He was so much delighted. Xeu ver (*sic*). Encantado, maravilhado, deliciado, satisfeito. Depois eu vou olhar isso no dicionário também para ver se eu acho uma palavra mais adequada, mais adequada para esse contexto."

Podemos observar que os informantes oscilaram sempre entre duas ou mais decisões de tradução sem demonstrar a capacidade de optar por uma delas. Os relatos indicam uma forte tendência de buscar equivalências entre as línguas de partida e de chegada, muitas vezes revelando uma preocupação excessiva com a literalidade lexical. Percebemos que os resultados das traduções acima são textos de chegada provisórios em português. Em muitos casos, no produto final, o texto de chegada contém duas ou mais possibilidades de tradução para uma mesma UT, com os informantes alegando não se sentirem capazes de escolher entre uma e outra alternativa. Os informantes (1), (2) e (3) mostram claramente sua preocupação com a literalidade e demonstram um fator adicional, ou seja, a incapacidade de tomar uma decisão de tradução. Falta-lhes, sobretudo, competência tradutória para poder decidir adequadamente como e quando traduzir.

Mesmo o informante (4), com uma tradução mais elaborada e com preocupações de contextualização, não apresenta segurança para uma tomada de decisão de tradução. O informante se revela limitado às sugestões do dicionário e não esboça qualquer possibilidade de uma solução funcional para a UT sendo processada. Os informantes parecem não estar sensibilizados e conscientes o suficiente para desempenhar com segurança seus trabalhos de tradução.

Constatamos, assim, que os exemplos anteriores descrevem, nesses quatro relatos, casos em que a tradução acontece em um contexto em que os informantes têm pouca consciência a respeito de seus próprios processos tradutórios. Acreditamos que a formação de tradutores passa pelo desenvolvimento de estratégias de tradução que possam ser empregadas de forma consciente, de acordo com as especificidades de cada tradução. Mostrar-lhe isto tem sido nosso principal objetivo ao longo dos capítulos deste livro. Vamos procurar desenvolver um pouco mais essas habilidades com as atividades que propomos a seguir.

Atividade 2

No capítulo 2, ao examinarmos as UTs, pedimos a você que trabalhasse com a sentença abaixo:

"Sixteen years had Miss Taylor been in Mr Woodhouse's family, less as a governess than a friend..."

Vamos utilizá-la novamente para um exercício de tradução. Tomando por base as discussões teóricas apresentadas anteriormente, a forma como você dividiu a sentença em UTs e a tradução que você fez, responda as perguntas a seguir:

1. Quais UTs você trabalhou no Bloco Automático?
2. Quais UTs você trabalhou no Bloco Reflexivo?
3. Houve casos em que ocorreu bloqueio e você não conseguiu traduzir?
4. Onde você precisou de apoio externo?
5. Onde você precisou de apoio interno?
6. Onde você precisou combinar os dois tipos de apoio para uma mesma UT?
7. Como você fez isso?

Se você estiver trabalhando em um grupo, compare suas respostas com as de seus colegas. Se estiver trabalhando de forma autônoma, procure refletir um pouco mais sobre suas respostas. É muito importante que você esteja bastante consciente sobre a forma como fez sua tradução.

A seguir, responda às perguntas:

8. Você transferiu alguma UT do Bloco Automático para o Bloco Reflexivo?
9. Por quê?
10. Você se preocupou em aperfeiçoar sua tradução?
11. Você considera o resultado satisfatório?

Novamente, discuta suas respostas com seus colegas ou reflita sobre suas próprias respostas. A que conclusões você chegou?

Para ilustrar um pouco mais as perguntas formuladas anteriormente, apresentamos a seguir alguns relatos sobre as traduções dessa frase. As verbalizações foram feitas pelos mesmos alunos da Faculdade de Letras que mencionamos e que gentilmente contribuíram como informantes para um projeto de pesquisa e ensino (cf. Alves, 1997).

Vejamos o que eles disseram sobre a tradução dessa sentença:

Informante (1):

"Dezesseis anos tinha... Ela tinha dezesseis anos. Miss Taylor tinha dezesseis anos. É... Miss Taylor foi na família do Sr. Woodhouse menos uma governanta. Menos uma governanta que uma amiga."

Informante (2):

"Eu não sei se seria possível, mas eu vou traduzir dessa maneira. Less as a governess than a friend, ou seja, menos como governanta que amiga. Eu colocaria, para a coisa ficar mais clara, mais como amiga que como governanta. Eu acho que dá o mesmo sentido. É, faz sentido."

Informante (3):

"No caso surgiu um problema aqui com relação a Miss Taylor. No caso aqui seria uma referência à mulher que não é casada, que é solteira. Isso seria uma senhorita. Entretanto, só pelo tempo que ela está na casa do pessoal, 16 anos, ela já não é uma pessoa muito nova. Então eu prefiro colocar aqui, já que ela está lá há 16 anos e que é uma senhora mais velha... Vou colocar a Sra. Taylor, apesar do fato de ela não ser casada."

Informante (4):

"Miss Taylor... Isso aqui hoje é engraçado. Chamar uma velha de Miss. E nem tão bonita assim ela deve ser. Hoje em dia, em inglês, se diz Ms. É politicamente mais correto, né? Não precisa ficar dizendo o estado civil da mulher. Só que em português não existe isso ainda. Eu não vou colocar senhorita nem senhora. Vou colocar Dona Taylor. Assim, não preciso dizer se ela era solteira ou casada. Aí então, vou ter também que colocar Seu Woodhouse para uniformizar a Dona com o Seu."

Informante (5):

"Olha, aqui no Brasil quando alguém trabalha dezesseis anos numa casa de família, essa pessoa já é da casa. Eu vou trazer essa frase para o nosso contexto cultural e dizer assim. Miss Taylor trabalhava há dezesseis anos para Mr. Woodhouse e era como se fosse um membro da família. Fica assim. Afinal, é isso que a autora quer dizer."

Podemos perceber que o informante (1) apresenta deficiências em seus conhecimentos de língua inglesa e processa inadequadamente a sentença atribuindo à personagem 16 anos de idade, enquanto 16 anos eram, na verdade, o período de tempo que a personagem trabalhara para a família protagonista do romance de Jane Austen. Como (1) não foi capaz de processar adequadamente a informação linguística dada, sua tradução fica comprometida já desde o início. Nesse caso, o informante (1) tinha cursado apenas três semestres de língua inglesa e não dispunha de conhecimentos linguísticos adequados para traduzir o texto.

Na reflexão seguinte, o informante (2) sentiu-se suficientemente seguro para modificar a ordem vocabular do texto e transformar *less as a governess than a friend* em "mais como amiga que como governanta". Desta maneira, segundo ele, o texto de chegada em português ficaria mais claro. Isto demonstra uma preocupação consciente de tornar o texto de chegada compreensível ao leitor. Acreditamos que esse tipo de preocupação resulta da conscientização do informante com relação a problemas de ambiguidade e polissemia.

Os informantes (3) e (4) sentiram-se ainda mais seguros para modificar o texto, buscando, sobretudo, sua contextualização. O informante (3) procurou levar em consideração a possível idade da personagem para resolver chamá-la de Sra. Taylor. O informante (4) vai ainda mais longe e faz referências a um posicionamento politicamente correto quanto ao uso dos títulos senhora e senhorita em inglês e em português e chega, até mesmo, a refletir sobre a necessidade de modificar o estilo do texto de chegada para torná-lo mais atual. Essa preocupação em adequar os títulos usados na tradução para o português, tais como Dona e Seu, tidos como mais populares que os títulos originais em inglês, revela um cuidado consciente para com a uniformidade e consistência do texto de chegada.

Já o informante (5) não se preocupa com a tradução de títulos honoríficos para o português e os preserva como no original. Porém, é quem mais radicaliza a questão funcional da tradução ao recriar a sentença do texto de partida "Sixteen years had Miss Taylor been in Mr Woodhouse's family", *less as a governess than a friend* como "Miss Taylor trabalhava há dezesseis anos para Mr. Woodhouse e era como se fosse um membro da família" no texto de chegada em português.

> *O que você achou das cinco reflexões sobre essas traduções? Elas são muito diferentes das reflexões que você fez?*

Finalmente, para encerrarmos essa atividade, volte ao modelo do processo tradutório que apresentamos na página 108. Tente utilizá-lo para seguir seus passos ao longo de seu processo tradutório. Faça um relato sucinto desses passos e procure refletir sobre eles. Procure, se possível, comparar seu relato com o de um outro colega ou leitor. Tentem, juntos, comparar as semelhanças e diferenças entre os processos individuais de cada um.

Atividade 3

Vamos fazer agora um outro exercício com o intuito de identificar e integrar as diferentes etapas do processo tradutório bem como as estratégias de tradução que você utilizou. Certamente você reconhecerá o texto 7.1:

Texto 7.1

BRASIL
Carnal Carnaval

A shapely dominatrix has ignited the fantasies of Brazilian merchants. Suzana Alves, known as Tiazinha or "Little Aunt", appears on a wildly popular TV variety show where she uses wax to strip body hair from men who answer trivia questions incorrectly. Last month she made a splash parading in Rio de Janeiro's Carnaval. Now marketers have launched a closetful of Tiazinha consumer goods, like nylons, underwear, lollipops and, of course, depilatory wax. Brazilian Playboy will unmask her in a forthcoming centerfold. The planned press run: a record 1 million copies.

Newsweek, March 8, 1999.

Você já traduziu esse texto anteriormente no capítulo 2 ao dividi-lo em UTs. Retome sua tradução e procure acompanhar nela os passos e reflexões desenvolvidos ao longo desse capítulo.

Procure levar em consideração as atividades desenvolvidas ao longo dos capítulos deste livro e responda as seguintes perguntas:

1. Quais UTs você incluiu no Bloco Automático?
2. Quais UTs você precisou trabalhar no Bloco Reflexivo?
3. Onde você necessitou de apoio externo?
4. Onde você necessitou de apoio interno?
5. Quais são os casos em que o apoio externo e interno se complementaram?

Agora, tente retrabalhar sua primeira versão de tradução seguindo os passos que sugerimos no modelo apresentado. Lembre-se de que as diferentes etapas descritas no modelo tomam forma a partir de seus próprios passos. Assim, cada processo tradutório revelará características individuais. É muito importante que você esteja consciente das estratégias que você utiliza.

Após executar essa tarefa, responda às perguntas a seguir:

6. Como você trabalhou as características macrotextuais?
7. Como você trabalhou as características microtextuais?
8. Como você trabalhou casos de priorização e omissão de informações?
9. Como se deu o refinamento/aprimoramento de sua tradução?
10. Você se sente satisfeito com a sua tradução?
11. Gostaria de modificar eventualmente alguma ou várias partes do texto de chegada?
12. Acredita que poderia melhorar sua tradução?

> 13. Como poderia fazer isso?
>
> Ao terminar, prepare um relatório em ordem sequencial sobre o seu processo de tradução. Você consegue reconhecer seus passos no modelo que lhe apresentamos? Inclua em seu relatório sua primeira divisão do texto em UTs, suas reflexões sobre elas, possíveis modificações na divisão de UTs, sua primeira versão da tradução, suas respostas às perguntas (1/5) formuladas na primeira parte deste exercício, sua nova versão de tradução e, finalmente, suas respostas às perguntas (6/13). Se você estiver trabalhando em grupo, juntamente com um professor, essa é a hora adequada para cada um fazer uma apresentação de seu relatório e discuti-lo com os colegas. Se você estiver trabalhando de forma autônoma, seria interessante, se possível, procurar um outro leitor para discutir com ele seu trabalho.

Atividade 4

A última tarefa proposta neste capítulo requer um elevado grau de autonomia e conscientização de sua parte. Procure traduzir o texto 7.2. Você tem toda a liberdade para executar essa tarefa. Gostaríamos, apenas, que procurasse estar consciente de seus passos e que, ao final, preparasse um novo relatório com base no modelo que lhe apresentamos.

Se você se sentir confortável com a ideia, pode utilizar aqui a sugestão de verbalizar e gravar suas reflexões sobre a tradução do texto e depois utilizá-las para acompanhar seus passos ao longo do modelo que apresentamos na figura 7.2.

A técnica de "pensar em voz alta", que ilustramos anteriormente com as verbalizações de alguns informantes, é bem simples. Coloque um gravador ao seu lado e acione-o para gravar ao começar a traduzir. Procure falar em voz alta tudo o que lhe vier à mente. Evite, ao máximo, qualquer censura interna. Por exemplo, se lhe der vontade de comer chocolate, pode dizê-lo tranquilamente. Poderá mostrar-lhe, mais tarde, que tipos de associações você fez na medida que ia processando o texto. Você pode interromper o processo, desligar o gravador e religá-lo quando voltar a traduzir.

Quando terminar, você terá duas opções de trabalho: a primeira, mais rápida, consiste em escutar sua gravação e tentar seguir seus passos com a ajuda do modelo que lhe apresentamos; a segunda, mais demorada, consiste em transcrever suas verbalizações. Você terá, então, à sua disposição um registro escrito de tudo o que verbalizou no decorrer de sua tradução. Poderá utilizá-lo como parte de seu relatório. De qualquer forma, a tentativa de "pensar em voz alta" pode levá-lo a se conscientizar ainda mais sobre a maneira como traduz. O que lhe parece?

Texto 7.2

U Po Kyin, Sub-divisional Magistrate of Kyauktada, in Upper Burma, was sitting in his veranda. It was only half-past eight, but the month was April, and there was a closeness in the air, a threat of the long stifling midday hours. Occasional faint breaths of wind, seeming cool by contrast, stirred the newly-drenched orchids that hung from the eaves. Beyond the orchids one could see the dusty, curved trunk of a palm tree, and then the blazing ultramarine sky. Up in the zenith, so high that it dazzled one to look at them, a few vultures circled without the quiver of a wind.

Burmese Days de George Orwell, Penguin Books, p.1

Agora, após ter traduzido o texto 7.2, responda às perguntas abaixo:

1. Conseguiu reconhecer e monitorar seus passos com base no modelo apresentado?

2. Está mais consciente das estratégias de tradução que utiliza?

3. Você se sentiu mais seguro para desenvolver sua tradução?

4. Acredita estar mais bem preparado para fazer traduções?

Se você estiver trabalhando em grupo, juntamente com um professor, faça uma apresentação de sua tradução e de seu relatório e procure discuti-los com os colegas. Se você estiver trabalhando de forma autônoma, seria interessante, se possível, procurar um outro leitor para comparar e discutir seu trabalho com ele.

Se você gostou das atividades propostas, poderá ampliá-las escolhendo outros textos e seguindo os mesmos passos que desenvolvemos aqui.

Conclusão

Chegamos, então, ao final desse capítulo e também do nosso livro. Vimos que é preciso elevar os níveis de conscientização e monitoramento para termos um maior controle operacional sobre o processo tradutório. Acreditamos que a utilização do modelo aqui proposto poderá aumentar a sua competência tradutória ao fornecer-lhe os instrumentos necessários para uma maior reflexão sobre o processo mental em andamento e, consequentemente, ao instrumentalizá-lo para obter um maior grau de gerenciamento sobre suas próprias atividades. Desta forma, cresce também o nível de sucesso da aplicação de estratégias e, como um reflexo imediato, aumentam as possibilidades de aprimoramento de suas traduções.

Relembramos que o trabalho de conscientização aqui proposto é desenvolvido em sete passos: (1) automatização; (2) bloqueio processual; (3) apoio externo; (4) apoio interno; (5) combinações de apoio externo e interno; (6) priorização e omissão de informações; e (7) aperfeiçoamento final do texto de chegada. Isto gera como resultado um melhor processamento das características macro e microtextuais tanto do texto de partida quanto do texto de chegada, ou seja, sua melhor organização; um melhor aproveitamento dos recursos externos e internos à disposição do tradutor; um aumento na capacidade de enunciação e solução de problemas de tradução por meio de operações inferenciais mais ágeis; um maior controle operacional sobre as próprias estratégias individuais de aprendizagem, ou seja, uma maior metacognição e, sobretudo, um salto qualitativo no nível de conscientização do tradutor sobre as estreitas relações entre as diversas etapas do processo tradutório.

Em outras palavras, vista como um processo cognitivo, a tradução ocorre por meio do estabelecimento de uma rede complexa de inter-relações.

Gostaríamos de concluir este livro com quatro constatações (cf. Alves, 1997:37). Para nós, elas representam a culminação da proposta que procuramos desenvolver aqui.

- Conhecimento das diferentes etapas cognitivas do processo tradutório gera uma maior conscientização para o gerenciamento do mesmo.
- Quanto maior o grau de conscientização do tradutor, maiores as chances de uma aplicação bem-sucedida de técnicas e estratégias de tradução.
- Quanto maior for o grau de monitoração consciente do processo tradutório, maior será o grau de segurança do tradutor para tomar decisões de tradução.
- Quanto mais consciente for o tradutor, maior será o grau de qualidade do texto de chegada.

Esperamos que você tenha conseguido aumentar a qualidade de suas traduções por meio dos exercícios e reflexões aqui propostos. Esta é apenas uma maneira de estimulá-lo a prosseguir em suas experiências com a tradução. Desejamos-lhe BOA SORTE!

Leituras complementares

Caso você queira se aprofundar um pouco mais nas questões teóricas envolvendo o PROCESSO DE TRADUÇÃO, recomendamos uma leitura cuidadosa dos livros e artigos:

ALVES, F. A formação de tradutores a partir de uma abordagem cognitiva: reflexões de um projeto de ensino. *Revista TradTerm*, v. 4, n. 2, p. 19-40, 1997.

BELL, R. *Translation and translating: theory and practice*. London: Longman, 1991.

KÖNIGS, F. Was beim Übersetzen passiert. Theoretische Aspekte, empirische Befunde und praktische Konsequenzen. *Die Neueren Sprachen*, 2, p. 162-185, 1987.

KÖNIGS, F. (Ed.). META, JOURNAL OF TRANSLATORS. Psycholinguistic processes in translation. Montreal: Presse de l'Université de Montreal, 1996. Número especial.

LÖRSCHER, W. *Translation performance, translation process and translation strategies*. Tübine, Narr, 1991.

Bibliografia

AIXELÁ, J. Specific cultural items and their translation. In: JANSEN, P. (Ed.). *Translation and the manipulation of discourse.* Leuven: CERA, p. 109-123, 1995.

ALVES, F. A formação de tradutores a partir de uma abordagem cognitiva: reflexões de um projeto de ensino. *Revista TradTerm*, v.4, n.2, p.19-40, 1997.

ALVES, F. Lançando anzóis: uma análise cognitiva de processos mentais em tradução. *Revista de Estudos da Linguagem*, v.4, n.2, p.71-90, 1996.

ALVES, F. Tradução e conscientização: por uma abordagem psicolinguística com enfoque processual na formação de tradutores. *Revista Intercâmbio*, v. 6, p.674-689, 1997.

ANDERMAN, G., ROGERS, M. *Words, words, words; the translator and the language learner.* Clevedon: Multilingal Matters, 1996.

ARNAUDET, M., BARRET, M. *Paragraph development.* Englewood Cliffs: Prentice Hall Regents, 1990.

BAKER, M. *In other words: a coursebook on translation.* London & New York: Routledge, 1992.

BASSNETT, S. *Translation Studies.* London & New York: Routledge, 1991

BELL, R. *Translation and translating: theory and practice.* London: Longman, 1991.

BLAKEMORE, D. *Understanding utterances: an introduction to pragmatics.* London: Blackwell, 1992.

BROWN, G., Yule, G. *Discourse Analysis.* 4. ed. Cambridge: Cambridge University Press, 1985.

BUTLER, D., WINNE, P. Feedback and self-regulated learning: A theoretical synthesis. *Review of Educational Research*, v.65, n.3, p.245-281, 1995.

CAMPBELL, S. *Translation into the second language.* London & New York: Longman, 1998.

CARTER, M., MCCARTHY, M. *Vocabulary and language teaching.* London and New York: Longman, 1988.

CHESTERMAN, A. Communication strategies, learning strategies and translation strategies. In: MALMKJAER, K. (Ed.). *Translation and language teaching. Language teaching and translation.* Brooklands: St. Jerome, 1998. p.135-144.

COLLINS COBUILD ENGLISH GRAMMAR. London & Glasgow: Collins, 1990.

COLLINS COBUILD ENGLISH LANGUAGE DICIONARY. London & Glasgow: Collins, 1990.

FAERCH, C., KASPER, G. *Introspection in second language research.* Philadelphia: Multilingual Matters, 1987.

FOWLER, R., KRESS, G. Critical Linguistics. In: FOWLER, R. et alii. *Language and control.* London, Boston and Henley: Routledge & Kegan Paul, 1979. p. 185-213.

GERLOFF, P. Identifying the unit of analysis in translation: some uses of think-aloud protocol data. In: FAERCH & KASPER, op. cit., p.135-158.

HALLIDAY, M. A. K., HASAN, R. *Cohesion in English.* London & New York: Longman, 1976.

HATIM, B., MASON, I. *Discourse and the translator.* London & New York: Longman, 1990.
_____. *The translator as communicator.* London & New York: Routledge, 1997.

HOEY, M. *On the surface of discourse.* London: George Allen & Unwin, 1983.
_____. *Patterns of lexis in text.* Oxford: Oxford University Press, 1991.

JACOBSON, M. J., MAOURI, C., MISHRA, P., KOLAR, C. Learning with hypertext learning environments: theory, design, and research. *Journal of Educational Multimedia and Hypermedia*, 5, v. 3, n. 4, p. 239-281, 1996.

KÖNIGS, F. (ed.). META, JOURNAL OF TRANSLATORS. Psycholinguistic processes in translation. Montreal: Presse de l'Université de Montreal, 1996. Número especial.

KÖNIGS, F. Was beim Übersetzen passiert. Theoretische Aspekte, empirische Befunde und praktische Konsequenzen, *Die Neueren Sprachen*, 2, p. 162-185, 1987.

LAKOFF, G., JOHNSON, M. *Metaphors we live by.* Chicago & London: The University of Chicago Press, 1980.

LEFEVERE, A. Translation and its genealogy in the west. In: BASSNETT, S; LEFEVERE, A. (Ed.). *Translation, history and culture.* London & New York: Pinter, 1990. p.14-28.

LEWIS, M. *Implementing the lexical approach: putting theory into practice.* Hove, England: Language Teaching Publications, 1997.

LOCK, G. *Functional English grammar: an introduction for second language teachers.* Cambridge: Cambridge University Press, 1996.

LONGMAN DICIONARY OF CONTEMPORANY ENGLISH. Harlow: Longman, 1986.

LONGMAN DICIONARY OF ENGLISH LANGUAGE AND CULTURE. Harlow: Longman, 1992.

LÖRSCHER, W. *Translation performance, translation process and translation strategies.* Tübine, Narr, 1991.

LOTIBINIÈRE-HARWWOD, S. *Re-belle et infidèle: la traduction comme pratique de réécriture au féminin.* Toronto: Women's Press, 1991. p.89-111: The body bilingual.

MAGALHÃES, C. O tradutor segundo o tradutor brasileiro. In: VIII e IX Semanas de Estudos Germânicos do Departamento de Letras Germânicas da UFMG. *Anais.* Belo Horizonte: FALE/UFMG, 1991/1992. p.136-143.

MCDONOUGH, S. *Strategy and skill in learning a foreign language.* London...: Edward Arnold, 1995.

MICHAELIS DICIONÁRIO ILUSTRADO. 61. ed. São Paulo: Melhoramentos, 1998, v. 1. Inglês-Português; v. 2. Português-Inglês.

NAIPUL, V. S. *The enigma of arrival.* New York: Vintage Books, 1988.

NEWMARK, P. *A textbook of translation.* London: Prentice Hall, 1988.

NOVO DICIONÁRIO AURÉLIO DA LÍNGUA PORTUGUESA. 2. ed. rev. amp. Rio de Janeiro: Nova Fronteira, 1986.

O'MALEY, M., CHAMOT, A. *Learning strategies in second language acquisition.* Cambridge: Cambridge University Press, 1990.

OSHERSON, D., SMITH, E. *An invitation to Cognitive Science: thinking.* V.3. Massachusetts: MIT Press, 1990.

OXFORD ADVANCED LEARNER'S ENCYCLOPEDIC DICTIONARY. Oxford: Oxford University Press, 1993.

PAGANO, A. Decentering translation in the classroom: an experiment. *Perspectives: Studies in Translatology*, 2, p.213-218, 1994.

PAGANO, A. Estratégias de reconhecimento de macroestruturas textuais: sua relevância na formação de tradutores. *Revista Intercâmbio*, LAEL–PUC-SP, v. 6, parte II, p. 643-660, 1997.

PAGANO, A. Genes, ovelhas e discos compactos: alguns aspectos das reescritas de descobertas científicas. In: MACHADO, I., CRUZ, A., LYSARDO-DIAS, D. (org.). *Teorias e práticas discursivas: estudos em análise do discurso.* Belo Horizonte: FALE/UFMG/Editora Carol Borges, p. 55-72, 1998.

POTTER, M. Remembering. In: OSHERSON, D. et al., op. cit., cap. 1, p. 3-31.

PYM, A. *Epistemological problems in translation and its teaching.* Calaceit: Caminade, 1993.

ROBINSON, D. *Becoming a translator.* London & New York: Routledge, 1997.

SWALES, J. *Genre Analysis: English in academic and research settings.* Cambridge: Cambridge University Press, 1990.

THE AMERICAN HERITAGE DICTIONARY. New York: Dell Publishing, 1994.

THE BBI DICTIONARY OF ENGLISH WORD COMBINATIONS. Amsterdam and Philadelphia: John Benjamins Publishing Co., 1997.

THE NEW LEXICON WEBSTER'S ENCYCLOPEDIC DICTIONARY OF THE ENGLISH LANGUAGE. New York: Lexicon, 1991.

UNCLE JOHN'S THIRD BATHROOM READER. The Bathroom Reader's Institute. New York: St. Martin's Press, 1990.

VINAY, J. P., DARBELNET, J. *Stylistique comparée du français et de l'anglais.* Paris: Didier, 1957.

WALLACE, C. Reading. Oxford: Oxford University Press, 1993.

YULE, G. *The study of language: an introduction.* Cambridge: Cambridge University Press, 1987.

Respostas dos exercícios[1]

1. Crenças sobre a tradução e o tradutor: revisão e perspectivas para novos planos de ação

Atividade 1 – Crenças sobre a tradução e o tradutor

Seja sincero ao responder cada uma das perguntas: não há certo ou errado nessa atividade. O objetivo do questionário é fazer com que você, leitor, reflita ante as questões abordadas e identifique sua própria postura.

Atividade 2 – Certificate of marriage

O processo de tradução de documentos como certidões de casamento deve incluir a consulta ao mesmo tipo de documento, na língua para a qual se vai traduzir. Esse simples procedimento, além de facilitar a tradução, coopera para que ela esteja dentro de padrões adequados.

DICA: Há expressões nesse tipo de documento específicas para cada língua. Tais expressões não sofrem variações e, portanto, devem ser mantidas no momento da tradução tal como aparecem nos documentos da língua para a qual se está traduzindo.

Depois de traduzir o texto responda com bastante sinceridade às perguntas dadas. Elas o ajudarão a identificar melhor suas dificuldades na tradução de texto e a analisar criticamente seu trabalho.

---

[1] Os autores agradecem à monitora de Graduação da FALE/UFMG, Renata Flávia Batista da Silva, por sua colaboração na preparação deste caderno de respostas.

134 Traduzir com autonomia – estratégias para o tradutor em formação

Atividade 3 – Análise do texto "Prescription for profit"

1. Tópico geral do texto: Como surgiu a ideia de criar a Planeta RX – uma farmácia online que se tornou um grande sucesso e que já está se preparando para conquistar o mercado dos Estados Unidos. O tópico também poderia ser colocado como a "receita" que a Planeta RX seguiu para que se tornasse um sucesso no mundo.
2. O texto, que foi extraído da revista *Success*, narra a história do surgimento da Planeta RX. A sequência dos fatos pode ser resumida assim:
   - No início do texto a Planeta RX é apresentada ao leitor como "uma ideia que deu certo". Os elementos que, juntos, originaram essa farmácia online são apresentados.
   - Depois, Stephanie Schear, uma das fundadoras de uma filial da Planeta RX em São Francisco, passa a descrever o processo de estruturação da empresa, apontando os vários detalhes que precisam ser cuidados.
   - Finalmente, o texto trata de como a ideia da Planeta RX nasceu e como os atuais sócios se engajaram no negócio.
3. O primeiro parágrafo do texto é escrito em um estilo que lembra muito a redação de prescrições médicas. Percebe-se que o texto foi escrito assim de maneira proposital, fazendo referência ao tópico do texto.
4. Várias palavras e expressões no texto estão sendo utilizadas em sentido metafórico. Alguns exemplos: *prescription for profit, ingredients, e-commerce recipe, warning label, pot of gold, side effects, administrative and financial headaches, hooked up, pillbox rolling, kicking around.*

Sugerimos, após essa atividade, a tradução do texto. Tente reproduzir em sua versão as mesmas características do texto original, como a apresentação do primeiro parágrafo em forma de receita médica, o uso de palavras que nos remetem ao ambiente online (como *hooked up* e *improve communication between patients*) e à de área da saúde (como *side effects* e *headaches*). Estruture as frases de forma que seu texto "flua" naturalmente. Uma possível versão do texto traduzido seria:

Receita para lucro

A Planeta RX se prepara para conquistar os Estados Unidos – uma mercado avaliado em 150 bilhões de dólares – com seus produtos de saúde online.

Pode ser que você mesmo já tenha tido essa ideia. Pegue o mercado de medicamentos vendidos sob prescrição médica – uma indústria que move mais de 85 bilhões de dólares nos Estados Unidos; adicione vitaminas, uma infinidade de remédios, e alguns produtos de beleza; depois despeje tudo online para criar a maior farmácia do mundo. E talvez – quem sabe – você terá todos os ingredientes de uma receita explosiva de comércio eletrônico que o transformará na próxima Amazon.com.

Mas é melhor ler o selo de advertência antes de colocar essa "máquina de fazer dinheiro" para funcionar, adverte Stephanie Schear (31), que junto com mais quatro pessoas criou Planet RX, uma farmácia online com sede na região sul de São Francisco, Califórnia, que passou a atuar no mercado em janeiro. Um investimento como esse tem seus efeitos colaterais – as dores de cabeça por problemas administrativos e financeiros não são dos mais leves.

"Sei que milhões de pessoas já pensaram nesse conceito", diz Schear. "Mas é algo muito difícil de se executar em um espaço como esse. Não é o mesmo que vender livros. Há uma série de coisas que você precisa saber detalhadamente: tudo, desde a distribuição de produtos à tecnologia necessária para cuidar das questões que envolvem regulamentos, os sistemas de gerenciamento de inventários e o serviço de atendimento ao consumidor. Além disso é preciso encontrar a marca certa e o consumidor certo. É bastante coisa." Mas nada impossível de se fazer.

Há um ano e meio, Schear decidiu tentar uma conexão com Michael Bruner, um médico em treinamento, que queria usar a internet para desenvolver a comunicação entre pacientes e seus responsáveis. Quando Bruner, de 30 anos, estava na escola de medicina, ele descobriu que os pacientes não entendiam bem o que seus médicos – atendentes e residentes – falavam. De fato, algumas vezes as opiniões eram bastante divergentes.

Determinado, Bruner se entregou de corpo e alma à criação de uma farmácia online (ele é mesmo um idealista, comenta Schear), associando-se a dois amigos – Randal Wog e Stephen Su – para começar o negócio. Na mesma época, Stephanie Schear e Dr. Shawn Becker estavam trabalhando em um conceito similar. Então, em vez de entrar em concorrência, eles decidiram unir suas forças.

Atividade 4 – Análise da propaganda "Hit the bars after work"

- O anúncio mostrado nessa atividade enquadra-se, obviamente, dentro da categoria de textos publicitários.
- A função do texto é, portanto, anunciar algo – no caso, a existência de uma associação que atua na prevenção de doenças cardíacas e de derrame cerebral, que procura conscientizar as pessoas dos riscos que o consumo excessivo de bebidas alcoólicas apresenta.
- O anunciante é a *American Heart Association* e o serviço anunciado, conforme já mencionado, pode ser entendido com sendo a própria informação que a *American Heart Association* traz aos leitores do anúncio.
- O serviço é apresentado ao leitor sob a forma de um convite a uma "mudança de hábito". As vantagens de trocar as bebidas alcoólicas pelos exercícios físicos são enfatizadas no texto, que ainda traz para o leitor o endereço do site na internet onde o leitor pode conseguir mais informações.

O livro sugere a tradução do texto como atividade. Aqui, portanto, apresentamos uma versão que, talvez, possa ajudá-lo.

Depois do trabalho faça um brinde à saúde

Seu fim de tarde fica mais gostoso quando a atividade que você escolhe faz bem tanto para o corpo quanto para a mente. É por isso que mais e mais pessoas estão optando por andar de bicicleta, caminhar ou malhar. São escolhas que podem melhorar seu visual, aumentar sua energia e diminuir o risco que você corre de ter problemas cardíacos. Tudo isso com a vantagem de não causar ressaca na manhã seguinte. Para maiores informações, visite a nossa página no endereço www.americanheart.org ou ligue para 1-800-AHA-USA1.

American Heart Association
Combatendo as doenças coronárias e o derrame cerebral.

Atividade 5 – Tradução da propaganda
"Wish upon a star or make a dream come true?"

Tente identificar as principais características do texto original e reproduzi-las em sua versão do texto. Fique atento para os seguintes detalhes:
1. A frase "Wish upon a star or make a dream come true?" funciona como uma "isca" para chamar a atenção do leitor. Tente formular uma frase em português que cause o mesmo impacto que aquela do texto original. Não se esqueça da harmonia que deve haver entre essa frase de abertura e o conteúdo do anúncio.
2. Esteja atento às escolhas lexicais feitas por quem elaborou a propaganda. *Star*, *bright* e *sun*, por exemplo, nos dão a ideia de claridade, de luz. Tente reproduzi-las em seu texto. Algumas palavras que aparecem no texto evocam imagens que são bastante importantes no sentido de fazer com que o leitor se interesse pelo que está sendo dito no texto, pelo que está sendo anunciado.
3. Tente identificar as frases com estrutura mais complexa e avalie seu próprio entendimento sobre o significado delas.

Como orientação, mostramos aqui uma possível tradução do texto:

Esperar que uma estrela realize o pedido
ou fazer com que um sonho se torne realidade?
Lucros e limites. Existe uma opção?

O sol abriga uma promessa radiante como fonte de energia pura e renovável, que, entretanto, continua fora de alcance. Uma fonte de energia pura, mas ainda muito cara. O que faremos, então? Partimos em busca do sol (ou: buscamos um lugar ao sol) ou simplesmente apagamos as luzes e vamos para casa?

Ignorar a energia alternativa não é a melhor opção. Acompanhar o ritmo da demanda crescente e fornecer energia elétrica para áreas remotas exige que a **Shell** se esforce por buscar recursos renováveis como o sol, a biomassa e a energia eólica. Nós estabelecemos a **Shell International Renewable** com o compromisso de empregar US$500 milhões no desenvolvimento dessas novas oportunidades comerciais. Uma de nossas metas é tornar a energia solar mais barata, mais eficiente e mais acessível para o comércio e para os lares. É também parte de nossa responsabilidade para com o desenvolvimento sustentável buscar equilibrar o progresso econômico com o cuidado ambiental e a responsabilidade social. Assim, com alvos reais e investimento, a energia do sol pode ser mais do que uma utopia.

2. Unidades de tradução: o que são e como operá-las

Atividade 1 – Identificação de UTs

O ponto de partida nesta atividade são as palavras em português. Tais palavras são UTs isoladas. A partir delas o texto começa a ser mais bem entendido. Se necessário releia o texto e pense no processo de tradução do mesmo.

Atividade 2 – Perguntas sobre o texto da atividade 1

Antes de traduzir o texto, siga a sugestão dada e divida o seu texto em UTs, traduzindo-o a seguir. Depois de traduzir o texto, responda às perguntas. Tente perceber as características que, à primeira vista, passaram desapercebidas aos seus olhos.

Versão sugerida do texto traduzido:

Sugestão para aqueles que gostam de viagens

Organizado por Jeffery C. Rubin
América do Sul
Rio de Janeiro

Os turistas que quiserem ver de perto como é a vida de muitos brasileiros já podem adicionar à sua "lista de pontos turísticos" a favela do Morro da Providência. A agência de turismo BTR está preparando a Providência, a mais antiga e mais pitoresca das favelas que se ergue sobre a Cidade Maravilhosa, para fazer parte do roteiro de uma excursão de quatro horas de duração pela cidade. Seis adolescentes que vivem no morro serão os guias do passeio. Eles mostrarão pontos turísticos do local, como a *capela Nossa Senhora da Penha*, construída na virada do século, e ainda toda a beleza do Rio, quando visto de cima. A segurança dos visitantes fica garantida com um eficiente patrulhamento policial.
Preço: 22 dólares

Atividade 3 – A segmentação da sentença em UTs

A resposta deste exercício é bastante individual. Não há nada de errado em separar a sentença em UTs diferentes daquelas que apresentamos – desde que haja um argumento que justifique essa escolha. Ao tentar traduzir a frase mostrada neste exercício você perceberá que o modo como você define as UTs a serem usadas influencia sua tradução. Pode ser, por exemplo, que *Miss Taylor* seja uma UT para você caso haja dúvidas sobre como se referir a Taylor (Senhora? Dona? Senhorita?).

Atividade 4 – As expressões idiomáticas como UTs

- Percebe-se que em A) e E), a UT fica próxima da sentença, enquanto que nos demais casos, as UTs são menores.
- As frases mostradas neste exercício são provérbios. Diferentemente da frase de Jane Austen, os provérbios não devem ser interpretados literalmente e a sua tradução deve ser feita de acordo com o significado.
- A) e E) não têm um provérbio que seja a tradução **literal** da sentença, mas contam com algumas possibilidades de provérbios na língua portuguesa. As outras opções encontram na língua portuguesa um correspondente exato – as mesmas imagens são usadas para trabalhar as mesmas ideias.
- A tradução dos provérbios pode ser a seguinte:
A. Diga-me com quem andas e eu te direi quem tu és / Um gambá cheira o outro / É tudo farinha do mesmo saco (observar que as duas últimas opções carregam um certo caráter pejorativo. Já a primeira opção é mais neutra)
B. Um pássaro na mão vale mais do que dois voando.
C. Uma andorinha voando sozinha não faz verão.
D. Não adianta chorar pelo leite derramado.
E. Não deixe para amanhã o que pode ser feito hoje.

Atividade 5 – "Carnaval Carnal"

A divisão em UTs deve ser feita de maneira bastante cuidadosa e consciente. A seguir, apresentamos uma possível tradução para o texto em que se baseia essa atividade.

Brasil
Carnaval Carnal

Uma mulher dominadora e sensual, dona de um belo corpo, está "botando fogo" nas fantasias dos empresários brasileiros. Suzana Alves, conhecida como Tiazinha, aparece em um show de variedades bastante popular na TV, usando cera de depilar para arrancar os pelos do corpo de homens que não conseguem responder corretamente suas perguntas. No mês passado ela causou um grande reboliço desfilando no Carnaval do Rio de Janeiro. Os empresários lançaram agora uma linha de produtos da Tiazinha: meia-calça, roupa íntima, pirulitos e, é claro, cera de depilação. A *Playboy* brasileira vai tirar a máscara da Tiazinha na próxima edição. Espera-se que a publicação atinja o recorde de um milhão de cópias.

Depois de traduzir o texto responda às perguntas que aparecem no texto depois da atividade 5, tentando preparar uma tradução mais bem trabalhada.

3. Estratégias de busca de subsídios externos: fontes textuais e recursos computacionais

Atividades 1, 2, 3 e 4 – "Nodulation of Acacia species"

Essas atividades exigem apenas que você acompanhe o modo como a tradução do texto "Nodulation of *Acacia* species by fast- and slow- growing tropical strains of *Rhizobium*" foi desenvolvida e como os "problemas" de tradução foram resolvidos.

Atividade 5 – Identificando e traduzindo termos técnicos

Não desista diante das dificuldades. Algumas palavras e expressões exigirão um pouco mais de trabalho, portanto, lance mão de todos os recursos que estiverem ao seu alcance para traduzi-las.

Atividade 6 e 7 – "Mug tree"

Leia com atenção essas duas atividades e acompanhe os passos seguidos na investigação de termos desconhecidos.

Atividade 8 – "Recycling Ideas"

O texto fala de como alguns objetos, aparentemente sem valor, podem ser utilizados na confecção de brinquedos, objetos de decoração e muitas outras coisas. DICA: Use as descrições do texto e as informações que encontrar na internet para ajudá-lo a traduzir os termos desconhecidos. O fragmento *Hide and seek tokens* pode ser traduzido como "Pequenos objetos para brincar de chicotinho queimado", por exemplo.

Para efeito de comparação, sugerimos a tradução abaixo:

Ideias para reciclar

Recipientes de lente de contato – Aproveite os recipientes onde vêm as lentes ou mesmo as caixas dos kits de lentes descartáveis para colocar tinta. É bom tê-los à mão quando você acabou de jogar fora uma mistura de cores e então descobre que está precisando de mais um pouquinho *daquela tinta* para os retoques finais.

Tampas de latinhas de suco – Use as tampas de metal das latinhas de suco congelado (aquelas que têm uma tira de plástico e beiradas arredondadas, não cortantes). Depois de lavar e secar as tampas você pode usá-las para o seguinte:

- Jogo da memória – Cole adesivos coloridos nas tampas e divirta-se tentando encontrar o par correspondente para cada figura.
- Dinheiro de brincadeira.
- Carga de caminhãozinho de brinquedo.
- Pequenos objetos para brincar de chicotinho queimado – Cole adesivos nas tampas e as esconda pela casa.
- Medalhas de prêmio por bom comportamento ou para serem usadas em ocasiões especiais.
- Moldura – Cole uma fotografia em uma tampa e, fazendo o contorno, cole uma rendinha ao redor da tampa. Cole um ímã na parte de trás.
- Apoio para copos – Decore e cole feltro em cima e embaixo.

Tampas de sabão líquido – Guarde-as e lave-as bem. Alguns possíveis usos:
- Potinhos para sementeiras.
- Suportes para velas, com a vela presa com argila.
- Recipientes para guardar lápis de cera e pincéis.
- Potes para misturar tinta em pó.
- Pazinhas para levar para a praia.
- "Carimbos de borracha": cortar pedaços de bandejas de isopor (aquelas onde vem a carne) em diferentes formas e colá-los na parte de cima das tampas.

- As tampas podem ser usadas para fazer brinquedos de montar (ou empilhar), móveis de boneca.
- Mostruários para apresentar coisas de valor.
- Suportes para pedras, conchas, ou qualquer outra coisa que as crianças colecionem.

Tubinho vazio de balas M&M – Pode ser usado para guardar lápis de cera. Cabem até sete lápis de tamanho padrão.

4. Estratégias de busca de subsídios internos

Atividade 1 – "India Update"

Algumas palavras e expressões que aparecem no texto deixam claro que estamos trabalhando com um texto da área política e, mais especificamente, um texto que faz uma abordagem da política no contexto indiano (*grassroots politics, Lokh Sabah* e *Hindu fundamentalism*).
As perguntas de (1) a (4), que seguem o texto, são bastante individuais.

Atividade 2 – Restaurante Jerimum

Após ler o cardápio do restaurante tente escrever tudo o que você sabe sobre o cardápio, enfatizando suas impressões. Discuta os itens que foram imediatamente compreendidos e aqueles que demoraram um pouco para serem interpretados. Procure avaliar que processos mentais estiveram envolvidos em sua leitura do cardápio.

Atividade 3 – Tradução das sentenças de (1) a (5)

Traduza as frases (lembrando que elas devem ser interpretadas no contexto cultural vigente na Grã-Bretanha) e depois leia os comentários dessa atividade, mostrados no próprio livro-texto.

Atividade 4 – Mapa conceitual "Birds"

Para fazer essa atividade, recorra somente aos conhecimentos que você consegue recuperar por meio da memória. Não busque nenhum apoio externo.

Um exemplo de mapa conceitual seria:

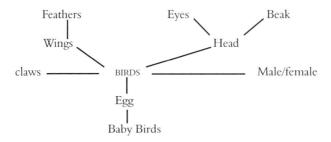

Atividade 5 – Mapa conceitual – "House"

A atividade 5 é semelhante à atividade 4. Uma opção de mapa conceitual pode ser:

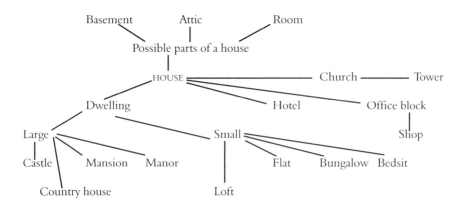

Compare seu mapa conceitual com aquele mostrado acima. Avalie as diferenças e semelhanças.

Atividade 6 – Mapa conceitual (adjetivos para o substantivo "house")

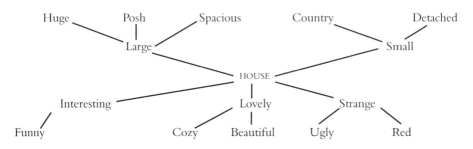

Atividade 7 – Mecanismos inferenciais

A atividade 7 apenas requer que você acompanhe a análise das sentenças (1) e (2).

Atividade 8 – Elementos coesivos – análise das sentenças (3), (4) e (5)

Na sentença (3), temos a informação de que **os ventos** tinham um poder devastador; em (4), diz-se que **a força de vendaval** com que os ventos estavam soprando tinha um poder devastador; em (5), entende-se que **os ventos que estavam soprando com a força de um vendaval** tinham um poder devastador.

Percebe-se que na sentença (3), *which* está se referindo ao elemento que o precede: *winds*. Na sentença (4), *which* está especificando *gale force*. Finalmente, em (5), temos *which* retomando o termo *winds were blowing at gale force*.

As relações entre os elementos das sentenças pode ser recuperada indiretamente, de forma dedutiva.

Atividade 9 – Situações envolvendo conhecimento prévio de alguma informação

Apenas tente acompanhar o raciocínio envolvido nas explicações.

Atividade 10 – Recuperando informações

Sabe-se que, apesar de serem apenas 08h30min da manhã, tudo indicava que o dia ia ser bastante quente – o que é comum nas terras altas da Birmânia, no mês de abril (provavelmente o mês de abril nas terras altas da Birmânia é bastante quente, e as manhãs, que talvez nas outras épocas do ano são mais frescas, têm um ar de mormaço, indicando que o calor ainda deve aumentar no decorrer do dia).

Uma possível tradução da frase seria:

"Eram apenas oito e meia da manhã e o mormaço parecia anunciar um dia extremamente quente – o mês de abril havia chegado nas terras altas da Birmânia."

- No caso da sentença (8), podemos dizer que *but* e *and* estão interligados por uma relação de causa e consequência/explicação – como era o mês de abril, era normal (e esperado) que os dias fossem extremamente quentes.
- É interessante notar como *and* e *but* são usados nessa sentença: **Mesmo** estando tão cedo, a atmosfera já indicava que aquele seria um dia extremamente quente / O dia seria quente **porque** era abril nas terras altas da Birmânia.

144 Traduzir com autonomia – estratégias para o tradutor em formação

Atividade 11 – "The model millionaire: a note of administration"

Responda às duas primeiras perguntas baseado em suas próprias impressões. A seguir, avalie as demais respostas a partir dos comentários apresentados logo abaixo:

- O texto de Oscar Wilde defende a ideia de que as pessoas ricas têm o privilégio de viver suas paixões, de se deixar guiar por seus corações. Aqueles que são menos favorecidos financeiramente, entretanto, não podem se dar ao luxo de amar livremente, mas devem extrair todos os benefícios que puderem em suas relações amorosas. Assim, torna-se muito mais interessante tentar uma aproximação com alguém abastado do que com uma pessoa sem nenhum *status* social. Estas últimas sequer merecem atenção ou palavras agradáveis. O pobre, portanto, não deve perder tempo – precisa ser esperto e aproveitar as oportunidades que tem de mudar de vida, pois ter dinheiro no bolso vale muito mais do que ser estimado e ter muitos amigos. Na vida as coisas são assim, e Hughie nunca percebeu isso.
- As ideias do texto podem ser recuperadas por meio da conjugação entre informações adquiridas pelo processo indutivo e pelo processo dedutivo.
- O texto é construído em cima de conselhos e definições. Algumas partes do texto parecem lembrar a estrutura dos ditos populares.

O texto poderia ser traduzido da seguinte maneira:

A menos que a pessoa seja rica, não há por que ser um companheiro agradável. O romance é privilégio do rico, não a profissão do desempregado. O pobre deve ser prático e prosaico. É melhor ter uma renda permanente do que ser uma pessoa interessante. Estas são as grandes verdades da vida moderna que Hughie nunca percebeu. Pobre Hughie!

Atividade 12: Texto "Kim"

Depois de responder atentamente às perguntas sobre os processos de recuperação de informações, traduza o texto "Kim" e compare sua versão com esta:

Desafiando ordens municipais, ele montou em cima do canhão Zam-Zammah, na plataforma de tijolos oposta ao antigo Ajib-Gher – a Casa das maravilhas, como os nativos chamam o Museu Lahore. Quem domina Zam-Zammah, "o dragão que cospe fogo", domina o Punjab; pois esta grande peça de bronze esverdeado é sempre a mais cobiçada no butim do conquistador.

5. Estratégias de análise macrotextual: gênero, texto e contexto

Atividade 1: Análise de textos

Leia as observações a seguir sobre as questões de 1 a 4 e avalie suas respostas:

1. Sobre o gênero dos textos:

- O primeiro texto é uma carta comercial (formal), enquanto que o segundo é uma carta escrita para um amigo (informal)

2. Estrutura genérica dos textos

Primeiro texto

- A carta inicia-se com uma frase de agradecimento pela compra feita; logo depois é introduzido o assunto que motivou o envio da carta – o problema com o cartão de crédito. A seguir, o texto trata das medidas tomadas pela empresa e dos procedimentos que o consumidor deve seguir para resolver o problema.

A carta termina com um agradecimento ao consumidor pelo interesse que este vem demonstrando pelos produtos da companhia e com a expressão "Respectfully", que aparece em cartas formais em inglês.

Segundo texto

- Nenhum dado do tipo endereço ou telefone é colocado no início do texto (na carta consta apenas a data de envio). O tipo de registro usado é o informal.

O início da carta é marcado pela expressão "dearest", depois, o texto segue com perguntas dirigidas ao destinatário da carta. Uma série de informações, sobre diversos assuntos, aparece no texto e a carta termina com uma expressão que mostra que a relação entre o remetente e o destinatário da carta é de intimidade.

Há uma nota "P.S.", para expor um dado ainda não mencionado, mas que é considerado relevante no momento.

3. Componentes gramaticais e lexicais do texto

Primeiro texto

- Em um texto formal, as escolhas lexicais privilegiam palavras ou expressões polidas e mais sofisticadas.

- A carta não foi escrita sob a forma de narrativa.
- Os parágrafos são curtos e o texto é claro e objetivo.
- Uma vez exposto o problema, o destinatário da carta (o cliente) é instruído acerca do que deve fazer para resolvê-lo.
- A carta se inicia com "dear customer" e termina com "respectfully".

Segundo texto

- O texto começa com a expressão "dearest (...)"e termina com "please drop me a line (...) with much love".
- O texto é informal e tem algumas características do discurso oral.
- Perguntas são dirigidas ao destinatário da carta.
- A estrutura narrativa está presente em um trecho da carta, onde as "últimas novidades" são contadas.
- Os eventos são narrados não em ordem cronológica, mas em ordem psicológica.
- Presença de expressões como: "so, look (...)"/ "please drop me a line"/ "please believe me".

4. Comparação entre a estrutura genérica e os padrões retóricos de uma carta em português com as estruturas e padrões encontrados em uma carta formal escrita em inglês

Características da carta do MasterCard

O 2º parágrafo da carta tem muitos elementos que lembram a linguagem apelativa da propaganda e traz fortes elementos de persuasão. O texto enfatiza as seguintes ideias:

- Há um grupo seleto, formado pelas pessoas que possuem cartão de crédito MasterCard.
- O MasterCard oferece mais benefícios a seus clientes do que os outros cartões.

Nas cartas informais o vocabulário utilizado não é sofisticado. Gírias e expressões populares podem aparecer nesse tipo de texto.

Geralmente cartas informais dedicam-se à narração de fatos, tratados de maneira descontraída.

Comparação

- Tanto em inglês quanto em português as cartas formais têm um modelo e uma linguagem própria.

- Nas cartas informais, em português e inglês aparecem frases/ expressões/ palavras quem mantêm aberta a comunicação entre quem escreve e quem lê, lembrando o discurso oral.
- Dependendo do estilo de texto, são feitas opções por certas palavras em detrimento de outras – o que é válido para as duas línguas.

Atividade 2 – Análise dos textos: "Fontina Melting", "Sony walkman user's manual", "Congratulations Mr. & Mrs. Bauer"

Avalie suas respostas às perguntas de 1 a 3 com base nos seguintes comentários:

Gênero dos textos e suas principais características

- Fontina Melting – Trata-se de uma receita culinária. Nesse tipo de texto, instrui-se o leitor a respeito de como preparar determinado tipo de alimento.

   A estrutura de um texto como esse geralmente obedece o seguinte formato:

   1. Os ingredientes necessários para fazer aquele tipo de prato são citados.
   2. São mostrados todos os passos que devem ser seguidos para que o alimento seja preparado corretamente (o que fazer com cada ingrediente, como, quando e onde).
   3. Algumas informações adicionais são dadas ao leitor, como por exemplo: advertências, dicas, previsão de tempo de preparo e rendimento obtido quando se segue à risca a receita.

■ Os ingredientes são citados e o modo como se faz determinado prato é explicado.

- Walkman user's manual – O texto foi extraído, certamente, de um manual contendo informações acerca do uso e cuidados gerais com um walkman da marca Sony.

   Um texto como esse apresenta instruções, conselhos e advertências quanto ao uso do material a que se refere. São textos repletos de "não" e "se". As informações contidas nos manuais de instrução tratam dos aspectos mais importantes relativos ao uso dos aparelhos – situações que podem ocorrer tipicamente e o que fazer em cada uma delas (ou os cuidados que devem ser tomados para preservar o produto).

■ As diversas situações são mostradas por meio de tópicos. A linguagem é clara, concisa e econômica. Quando os problemas são apresentados, logo depois aparecem as possíveis soluções.

- Congratulations, Mr. & Mrs. Bauer – É uma propaganda sobre cardigãs.

O texto publicitário é bastante especial e caracteriza-se especialmente pelo modo com que trabalha as ideias no sentido de chamar atenção para o tema anunciado e provocar no leitor o desejo de comprar um produto ou investir em algo específico. As palavras são trabalhadas em seu potencial, chegando ao leitor em frases ambíguas e carregadas de imagens. O texto publicitário pode ser uma narração (como nesse caso: uma história sobre como surgiu a ideia do cardigã), uma frase ou mesmo palavras de efeito associadas, mas há sempre esse caráter de persuadir o leitor e atraí-lo.

Avaliação das semelhanças e diferenças
entre textos em inglês e em português:

1. Nas receitas em português, informações como o tempo de preparo, o tempo gasto para assar, temperatura do forno e rendimento aparecem, geralmente, no fim da receita. No caso da receita mostrada no livro, essas informações são fornecidas ao leitor antes que o modo de preparo comece a ser explicado.
2. Medidas como "colher de chá" e "colher de sopa" aparecem tanto no inglês quanto no português. Expressões do tipo "sal e pimenta a gosto" parecem ter seus correspondentes no inglês.
3. No caso do manual do usuário de um "walkman", percebe-se uma grande semelhança entre o português e o inglês no que diz respeito ao uso do imperativo. Advertências e instruções são estruturadas de maneira semelhante.
4. Os textos publicitários em inglês primam pelos jogos de palavras que são, muitas vezes, difíceis de ser recuperados numa tradução do inglês para o português. Se nos lembrarmos das propagandas "Hit the bars after work" e "Cloud the issue", por exemplo, veremos que aparecem expressões bastante interessantes, explorando ao máximo ambiguidades, efeitos sonoros e de imagens.

Sobre a propaganda do Cardigã

O texto é uma propaganda e se inicia com a frase "Congratulations Mr. & Mrs. Bauer! It's a cardigan!", nos remetendo à ideia do nascimento de novo (expressão usada em um contexto em que enfermeiras e médicos parabenizam um casal pelo nascimento de sua criança – "Congratualtions Mr. & Mrs. Bauer! It's a boy!", por exemplo). De fato, nas linhas que se seguem, a ideia de como o cardigã **surgiu** passa a ser explorada. A maneira como o texto é estruturado lembra, também, a narração de um conto de fadas ou uma história para crianças (duas pessoas se conhecem, se apaixonam, têm filhos e vivem felizes para sempre): primeiro aparece a expressão "it was a match made in heaven", a seguir vem uma descrição das coincidências entre os gostos de Eddie e Stine que culminaram no casamento dos dois. Finalmente, o texto revela como "nasceu" o cardigã. Além disso, a frase final faz referência ao famoso ditado: "por trás de um grande homem sempre existe uma grande mulher".

Pode-se dizer que existem muitos elementos intertextuais nesse texto publicitário. Há, também, uma mesclagem de gêneros (interação médico/ paciente, literatura infantil, texto publicitário) e padrões retóricos (exposição de ideias, narração, descrição, etc.).

O gênero publicitário fica evidente em expressões como: "The cardigan, at right (...)" e "(...) our new line of women's clothing".

Atividade 3 – Análise de dois textos

Confirme aqui suas respostas para as questões de 1 a 5:

Gênero e padrão retórico dos textos

O texto "Similarities between Lincoln and Kennedy" pertence ao gênero informativo e aparece, geralmente, em revistas sobre variedades e colunas de jornal. O segundo texto, por sua vez, é mais informal – pertence ao gênero "bathroom readers".

O primeiro texto apresenta uma estrutura mais complexa que o segundo, em que apenas são citadas as semelhanças entre os dois presidentes. O grau de formalidade é maior no primeiro texto do que no outro.

Traços gramaticais

No primeiro texto, muitas frases, verbos e complementos ficam subentendidos (exemplo: Lincoln became president in 1860; Kennedy, in 1960. ⇒ Kennedy became president in 1960) durante a listagem de semelhanças entre os dois presidentes. As informações são interligadas e apresentadas sob a forma de um parágrafo. Os elementos de coesão são expressões comparativas. Já no segundo texto, a informação é apresentada ao leitor quase que "em pontos". Os dados não apresentam nenhum elemento de ligação entre si no plano escrito. As frases são curtas e claras e o vocabulário é acessível à grande maioria das pessoas.

Escolhas lexicais

Como foi dito acima, o texto extraído da revista "The Bathroom Reader's Institute" utiliza-se de itens lexicais de domínio popular, enquanto que o primeiro texto explora palavras um pouco mais sofisticadas e de uso mais formal.

Tradução sugerida

Semelhanças entre Lincoln e Kennedy

Você sabia que existem semelhanças incríveis entre os dois presidentes mais queridos dos Estados Unidos, Abraham Lincoln e Jonh F. Kennedy? (ou: Você já ouviu falar das semelhanças extraordinárias entre os dois presidentes mais queridos dos Estados Unidos, Abraham Lincoln e Jonh F. Kennedy?). Para começar, o nome de ambos, Lincoln e Kennedy, têm sete letras. Os dois também tiveram suas eleições contestadas. E mais: Lincoln e Kennedy compartilhavam outras duas características: eles tinham um grande senso de humor e um interesse especial pelos direitos civis. Lincoln assumiu a presidência em 1860 e Kennedy, em 1960. O sobrenome da secretária de Lincoln era Kennedy; e o da secretária de Kennedy, Lincoln. Nenhum dos dois seguiu o conselho de suas secretárias de não aparecerem em público, no dia em que foram assassinados. Os dois presidentes morreram em uma sexta-feira, na presença de suas mulheres. Os nomes dos assassinos dos dois presidentes, John Wilkes Booth e Lee Harvey Oswald, têm 15 letras, e ambos foram assassinados antes que pudessem ser levados a julgamento. Como Lincoln, Kennedy também teve como sucessor um democrata do sul, de nome Johnson. O sucessor de Lincoln, Andrew Johnson, nasceu em 1808; Lyndon Johnson, o sucessor de Kennedy, nasceu em 1908. Finalmente, o mesmo veículo carregou seus corpos no cortejo fúnebre.

Extraído da revista *The Bathroom Reader's Institute*

Abraham Lincoln foi eleito em 1860 e John Kennedy em 1960, cem anos depois.

Tanto Lincoln quanto Kennedy mencionaram o fato de terem pressentido que iriam morrer, antes de ser assassinados.

A secretária de Lincoln, de sobrenome Kennedy, insistiu para que ele não fosse ao teatro naquela noite fatal. A secretária de Kennedy, de sobrenome Lincoln, tentou dissuadi-lo da ideia de ir para Dallas.

Os dois homens morreram com um tiro na cabeça.

Ambos foram assassinados ao sentar-se ao lado de suas esposas.

Lincoln e Kennedy eram grandes defensores dos direitos civis.

John Wilkes Booth, o assassino de Lincoln, nasceu em 1839, e Lee Harvey Oswald, o assassino de Kennedy, nasceu exatamente 100 anos depois, em 1939.

O nome completo de Booth e o nome completo de Oswald têm, cada um, 15 letras.

Booth matou Lincoln em um teatro e fugiu para um galpão. Oswald fez o oposto: atirou em Kennedy de um galpão e fugiu para um teatro.

Os dois presidentes tiveram sucessores chamados Johnson. Andrew Johnson foi presidente depois de Lincoln e Lyndon B. Johnson, depois de Kennedy.

Andrew Johnson nasceu em 1808 e Lyndon B. Johnson, em 1908 – um século depois.

Ambos foram assassinados em uma sexta-feira.

Andrew Johnson e Lyndon B. Johnson eram democratas da parte sul dos Estados Unidos e ex-senadores.

Os nomes dos dois presidentes contêm, cada um, sete letras.

Os nomes de Andrew Johnson e Lyndon Johnson têm, cada um, 13 letras.

Tanto Booth quanto Oswald foram assassinados antes de serem julgados.

Atividade 4 – Texto "Marks & Spencer"

O nome Marks & Spencer refere-se a uma cadeia de lojas. No texto estão presentes expressões e palavras que nos levam a essa conclusão. Alguns exemplos: "service to our customers", "The Company", "the way we manage our stores", "staff", "suppliers" e "where we trade".

O tipo de assunto e o modo como cada informação é trazida ao leitor ajudam a evidenciar o caráter publicitário do texto.

Atividade 5 – Texto "Scorpio"

As relações que as palavras e sinais grifados estabelecem com outras palavras e frases no texto "Scorpio" podem ser definidas da seguinte maneira:

Who – faz referência a Júpiter.

So – está sendo usado para introduzir uma oração que trata da consequência de algo falado anteriormente– "portanto", "assim".

This – faz referência ao fato de "Jupiter and the big-shot Sun" estarem na área do trabalho daqueles cujo signo é escorpião.

However – liga a frase anterior a esta, dando a ideia de que há algo que se contrapõe, que faz oposição ou algo que é uma compensação, uma exceção ao que foi dito anteriormente.

So – novamente, a função é mostrar um consequência: "de maneira que", "portanto", etc.

When – faz referência ao período entre 17 e 19 de novembro.

And – a ideia é a de consequência "(...) e a intensidade do trabalho deverá diminuir".

Tradução do texto "Scorpio"

Esteja atento para a escolha de marcadores em sua tradução. Aqui, propomos uma possível versão do texto já traduzido.

Escorpião (23 de outubro a 21 de novembro)

Júpiter, que prepara o caminho para o sucesso, e o grande astro Sol estão em sua área de trabalho, portanto, aguarde uma resposta favorável e siga em frente. Isto provavelmente significa que grande parte de sua energia deve ser direcionada para o trabalho. Entretanto, você vai gostar do que está fazendo e não vai encarar suas tarefas como um fardo. O romance terá um lugar secundário em sua vida, especialmente entre os dias 17 e 19, quando o rígido (ou sistemático) Mercúrio fará com que você preste atenção aos detalhes. Faça alguma coisa para liberar a tensão – exercícios físicos são uma boa opção. No dia 20, você voltará a ser uma pessoa social e você deve diminuir sua carga de trabalho. No dia 26, enfrente suas responsabilidades na família com dignidade e todos ficarão satisfeitos.

Atividade 6 – Texto da Ford

Análise do texto
Acompanhe os comentários sobre essa atividade e, então, revise suas respostas:

Sobre a sentença: "(...) their famous performance won't change; only their emissions will"

O verbo "change" foi omitido, mas seu sentido é recuperado na frase, sem qualquer prejuízo: "only their emissions will CHANGE". Em português, uma frase como esta poderia ser traduzida por: "A performance desse carros não vai mudar; só a emissão"

Sobre a sentença: "I feel really good (..)"e "And I'm sure the plants do, too."

Em português, uma versão possível seria: "Estou muito feliz pelo efeito que isto terá no meio ambiente. Tenho certeza que as plantas e os animais ficarão também".

Atividade 7 – Perguntas sobre o texto "A prisioner plans his escape"

Compare suas respostas com estas:
1) Rocky está em uma penitenciária.
2) Não podemos falar com certeza se ele está sozinho ou não, mas a impressão que temos é de que ele está sozinho em sua cela.
3) Ele foi acusado de ter cometido um crime e acabou sendo condenado. Rocky não se conforma com a ideia de estar preso, pois acha que os argumentos que foram usados contra ele eram fracos. Transtornado, ele pensa em quebrar a tranca da cela.

Ao mudar o título do texto para "A wrestler in a tight corner"

1) Ele está, provavelmente, em uma academia que oferece aulas de lutas.

2) Rocky não está sozinho – há pelo menos uma pessoa com ele (o outro lutador)

3) Ele está "preso em um golpe" e agora precisa encontrar um modo de se "libertar".

A leitura que fazemos dos textos exerce uma grande influência no modo como desenvolvemos nossas traduções. Elementos como o contexto em que os fatos estão inseridos e os aspectos culturais, sociais e políticos que estão em jogo são extremamente importantes e precisam estar bem claros para o tradutor. A tradução deve refletir uma boa interpretação do texto lido, gerando nos leitores do texto traduzido os mesmos sentimentos que os leitores do texto no idioma original sentem ao lê-lo.

Uma possível tradução para os dois textos segue abaixo:

A fuga

Rocky levantou-se do colchão já planejando sua fuga. Hesitou por um momento e pensou. As coisas não estavam nada boas. O que mais o irritava era o fato de ter sido preso por causa de acusações que não eram substanciais. Ponderou sobre sua situação naquele momento. A fechadura que trancava a cela era forte, mas achou que poderia quebrá-la.

Encurralado

Rocky levantou-se do ringue planejando um modo de se livrar do outro lutador. Ele hesitou por um momento e pensou. As coisas não estavam indo bem. O que mais o incomodava era estar imobilizado – especialmente sabendo que os golpes desferidos contra ele não tinham sido fortes. Avaliou sua situação. A "gravata" que o mantinha preso era forte, mas achou que poderia se soltar.

6. Estratégias de análise microtextual: os níveis lexical e gramatical

Atividade 1: Análise do texto "India Update"

De acordo com o dicionário *Longman Dictionary of Comtemporary English* temos as seguintes definições:

Spokesperson – a word meaning spokesman or spokeswomen which some people use because they think that 'spokesman' should not be used for both sexes.

Grassroots – the ordinary people in an organization, rather than the leaders.

⇒ Para manter a neutralidade do gênero "spokesperson", poderíamos traduzir o termo por porta-voz, omitindo o artigo definido o/a (ex.: "U.P. Singh, porta-voz (...)"). No caso de "grassroot politics", uma alternativa seria usar a expressão "política de base".

Atividade 2: Análise do texto "Kim"

O texto que faz parte desta atividade pertence ao gênero narrativo. Pelas expressões usadas e pelo modo como a história é contada pode-se pensar que o texto foi extraído de um livro. A fonte do texto confirma isto.

A palavra "astride" significa, nesse caso, estar montado em algo enquanto a preposição "opposite" significa "do outro lado, do lado oposto, de frente para, defronte".

Ao traduzir o texto, percebemos o quanto é difícil traduzir essas palavras do inglês para o português de maneira adequada. Saber que Zam-Zammah é um canhão (conhecimento obtido em pesquisas na internet) ajuda na construção da sentença em português.

Atividade 3: Estudando sobre cartas

Volte às atividades 4 e 5 do capítulo 4 e tente identificar hiperônimos e hipônimos nos mapas conceituais apresentados. Lembre-se de que hiperônimos são conceitos mais gerais e hipônimos, conceitos mais específicos.

Acompanhe os comentários que aparecem no livro-texto sobre o uso de hipônimos e hiperônimos na tradução de textos e aproveite para reavaliar as traduções que você já fez.

Atividade 4: textos - "European Hedgehog",
"Hit the bars after work" e "The Enigma of the Arrival"

As palavras grifadas no texto "European Hedgehog" podem ser identificadas como itens culturais específicos. A melhor estratégia a ser usada na tradução de tais termos é procurar por seus equivalentes na língua para a qual se está traduzindo. Uma boa opção é pesquisar na internet para ver se temos acesso ao documento mencionado.

Com relação ao texto "Hit the bars after work", seu gênero pode ser classificado como sendo publicitário; e a expressão "devoting that time", que aparece quase no meio da propaganda, pode ser traduzida por dedicando/usando/investindo/empregando seu tempo.

Tente propor uma nova tradução para o texto "Hit the bars after work". Se for possível, trabalhe junto com outras pessoas.

Uma possível tradução do parágrafo extraído do romance *The Enigma of the Arrival* seria:

O enigma da chegada

Com exceção de um romance sobre a reprodução de Constable (John Constable era um pintor inglês famoso por suas pinturas, que viveu de 1776 a 1837), meu conhecimento era meramente linguístico. Eu sabia que "avon", em inglês, significava, originalmente, apenas rio, assim como "hound", no início, significava cachorro, não importando sua raça. E sabia que os dois elementos de Waldenshaw – o nome da vila e a grande casa que ficava nas terras onde eu estava – sabia que "walden" e "shaw" significavam madeira. Uma razão a mais por que, além dos contos sobre a neve e os coelhos, eu achava que tinha visto uma floresta.

Atividade 5 – Análise dos textos "Join Hands without Guns" e "South America"

Verifique se os comentários abaixo coincidem com suas impressões a respeito dos textos:

Join Hands Without Guns

A expressão "join hands" é considerada um grupo convencional no inglês, podendo ser traduzida como "de mãos dadas". Também podemos segmentar o título em 2 UTs diferentes: "join" + "hands without guns".

"To be troubled deeply", outra colocação em inglês, acaba tendo de sofrer algumas modificações quando traduzida para o português. Uma alternativa para essa colocação, em português, seria: "ser vítima/sofrer as consequências".

No esforço de manter a personificação observada na campanha "Join hands without guns", podemos traduzir o fragmento "The Campaign (...) applauds the young people" por "A Campanha de Mãos Dadas Contra a Violência parabeniza (ou valoriza) os jovens (...)".

South America

Uma boa alternativa de tradução dessa expressão parece ser a da aluna mencionada no livro texto: "pitoresca".

156 Traduzir com autonomia – estratégias para o tradutor em formação

Atividade 6 – Texto "Cloud the issue or clear the air?"

Depois de acompanhar o breve estudo do texto publicitário "Cloud the issue or clear the air", no livro texto, cheque algumas alternativas de tradução para as expressões destacadas nessa atividade:

Cloud the issue or clear the air? – Encobrir a questão ou trazê-la à luz?

Global warming – aquecimento global

Heated debate – debates acalorados

Burning of fossil fuels – queima de combustíveis fósseis

Hot air – para preservar a metáfora, "fogo de palha" parece ser a melhor opção.

A respeito da propaganda "Congratulations, Mr. & Mrs. Bauer! It's a cardigã", os seguintes pontos devem ser lembrados:

- Como foi dito anteriormente, este é um texto publicitário, que apresenta a história do surgimento do cardigã.
- O texto trabalha bastante com a ideia de repetição: She loved (...)/He loved(..), fishing/fishing, skiing/skiing, camping/camping. A repetição não se dá apenas em nível de palavra, mas também de som: fishING, SkiING, campING.
- A expressão "Nice guy" dá ao texto um toque irônico, chamando a atenção do leitor para a intenção que existe por trás das atitudes das pessoas.
- O texto termina com uma frase que lembra algo como um provérbio: "behind every great man is a great woman pulling the strings".
- A frase "You could say it's living proof that behind every great man is a great woman pulling the strings" nos remete a duas ideias:

1. "por trás de um grande homem sempre existe uma grande mulher" – foi Stine Bauer quem deu ao marido a ideia de trabalhar com esse tipo de roupa e, portanto, foi ela a grande responsável por seu sucesso (sentido metafórico);
2. por trás de um negócio como esse, há sempre uma mulher trabalhando, tecendo, confeccionando (sentido proposicional).

Atividade 7 – Marcações genéricas diferentes

Ao tentar encontrar termos em português que possam ser usados como equivalentes dos termos em inglês, na tradução, nos deparamos com um sério problema a resolver – a marcação de gênero e a postura ideológica que vêm como consequência de escolhas lexicais. Atualmente tem-se optado pelo uso de palavras que possam ser aplicadas tanto ao sexo masculino quanto ao sexo feminino e que sejam "neutras" – uma adaptação do campo da tradução ao "politicamente correto". Essa adaptação é, muitas vezes, difícil de ser feita. Em alguns textos a repetição dos termos dele/dela e ele/ela, por exemplo, é quase inevitável.

Atividade 8 – Nota de rodapé da propaganda
"Cloud the issue or clear the air"

Por meio desta atividade temos a oportunidade de ver, na prática, como cada decisão que o tradutor toma pode influir no modo como seu texto chegará ao leitor e, consequentemente, como será interpretado por este.

A opção que parece ser mais coerente com a proposta apresentada no livro (produzir um texto que flua, que seja natural e que, ao mesmo tempo, dê ao leitor a oportunidade de refletir sobre as intenções do autor do texto original) é a de uma mesclagem entre omissão e uso dos pronomes, o que justificaria a presença da nota de pé de página.

Atividade 9: Textos "Women Right Now"
e "Shoes that walked the earth 8,000 years ago"

As frases que aparecem em negrito no texto "Women Right Now" fazem uso do *present perfect*, trabalhando com relatos de experiências.

A tradução pode acarretar mudanças no gênero textual de um fragmento. O texto "Shoes that walked the earth 8,000 years ago" e sua tradução, mostrados nessa atividade, são um exemplo claro disso. No texto traduzido, os sapatos foram despersonificados e apassivados, ou seja, eles deixaram de ser personagens e agentes da história, tornando-se meros pacientes; a ênfase dada a eles diminuiu expressivamente. Com certeza, o impacto do leitor diante da mensagem não será o mesmo.

O texto na língua original poderia ser traduzido de diferentes maneiras. A construção passiva "(...) it is supposed (..)", por exemplo, poderia ter sido trabalhada de forma diferente. Em português não é possível encontrar um equivalente 1:1 para essa estrutura, mas poderíamos optar por traduzir a sentença em questão por "(...) uma planta semelhante à iúca conhecida como 'vence cascavel' devido à crença em suas propriedades como antídoto para o veneno da cobra (...)". Outra versão possível seria: "(...) uma planta semelhante à iúca que, conforme alguns acreditam, serve de antídoto para o veneno da cobra – daí ser conhecida pelo nome de 'vence cobra'".

Atividade 10: Identificação de grupos nominais compostos
por substantivo + adjetivo ou adjetivo + substantivo

As frases feitas por alunos no primeiro semestre de treinamento em tradução apresentam vários grupos nominais. Confira aqui se você identificou corretamente os grupos:

- Renomado cientista (na ordem inversa, parece ser mais natural).
- Rua principal (a ordem está perfeita).
- Controverso conceito (a ordem inversa faz com que o texto flua mais).
- Era dourada (não há problemas).
- Favoritas piadas (nesta ordem, não soa bem. A ordem inversa tornaria o texto mais natural).
- Muito bem paga profissão (o texto não flui; ficaria mais bem estruturado como "profissão muito bem paga").

⇒ É bastante notória a influência da posição adjetivo/nome na língua inglesa, que acaba sendo transportada para o português no momento da tradução.

Grupos nominais complexos podem ser identificados em textos como "Nodulation of Acacia Species" e "Cloud the issue or clear the air". Abaixo, aparecem destacados os principais exemplos:

Texto "Nodulation of Acacia Species"
Grupos nominais complexos
- Fast-and slow-growing tropical strains of Rhizobium – Estirpes tropicais de Rhizobium de crescimento lento e rápido.
- Effective nodulation response patterns – padrões de resposta à nodulação efetiva.
- Deep underground water – lençóis de água subterrâneos.
- Extensive root systems – sistemas de raiz extensivo.

Texto "Cloud the issue"

Grupos nominais complexos extraídos do texto
Burning of fossil fuels – queima de combustíveis fósseis.
Increased concentration of carbon dioxide in the air – crescente concentração de dióxido de carbono no ar.
Greenhouse gas emissions – emissão de gases que provocam o efeito estufa.
Lower-carbon fuels – combustíveis com baixo teor de carbono.
Today's business climate – no clima em que andam os negócios atualmente.

7. Um modelo didático do processo tradutório: a integração de estratégias de tradução

Atividade 1 – Tradução de UTs

Apenas acompanhe as análises feitas de forma bastante atenta.

Atividade 2 – Estudo da sentença:

"Sixteen years had Miss. Taylor been in Mr. Woodhouse's family, less as a governess than a friend."

Responda às perguntas 1 a 11 de forma clara e detalhada – isso o ajudará a entender melhor o modo como você realiza suas traduções.

Faça um relato sucinto de cada um dos seus passos no processo tradutório.

Atividade 3 – Análise do texto "Carnal Carnaval"

Siga os mesmos procedimentos recomendados na atividade anterior: responda a todas as perguntas formuladas no livro texto e depois faça um relatório, em ordem sequencial, sobre sua tradução. Aproveite, também, para revisar sua tradução do texto "Carnal Carnaval".

Atividade 4 – Último texto a ser traduzido.

Após traduzir o texto e responder as perguntas de 1 a 4, compare sua versão do texto traduzido com esta:

U Po Kyn, juiz de Instrução da subdivisão de Kyauktada, na Birmânia Superior, estava sentado na varanda. Eram oito e meia da manhã, mas como era abril, o ar estava quente e abafado, ameaçando trazer um grande mormaço por volta do meio-dia. De vez em quando um sopro de vento tímido, parecendo estar frio – um contraste com todo o resto – movia delicadamente as folhas das orquídeas, ainda úmidas, que pendiam da beirada do telhado. Por trás das orquídeas se podia ver o tronco empoeirado e encurvado de uma palmeira, e o céu ultramarino, de cores intensas. No ponto mais alto do céu – alto de deixar qualquer um pasmo, admirado – alguns urubus voavam em círculo, no ar parado.

GRÁFICA PAYM
Tel. [11] 4392-3344
paym@graficapaym.com.br